PAU BRASIL 01

O que faz o brasil, Brasil?

빠우-브라질 총서 **01**

브라질 사람들

1판 1쇄 | 2015년 11월 30일

지은이 | 호베르뚜 다마따
옮긴이 | 임두빈

펴낸이 | 정민용
편집장 | 안중철
책임편집 | 최미정
편집 | 윤상훈, 이진실, 장윤미(영업)
기획위원 | 박상훈
외주교정 | 최정온

펴낸 곳 | 후마니타스(주)
등록 | 2002년 2월 19일 제300-2003-108호
주소 | 서울 마포구 양화로 6길 19(서교동) 3층
전화 | 편집_02.739.9929/9930 영업_02.722.9960 팩스_0505.333.9960

홈페이지 | www.humanitasbook.co.kr
페이스북 | facebook.com/humanitasbook
트위터 | @humanitasbook
블로그 | humanitasbook.tistory.com
이메일 | humanitasbooks@gmail.com

인쇄 | 천일_031.955.8083 제본 | 일진_031.908.1407

값 12,000원

ISBN 978-89-6437-240-1 04950
978-89-6437-239-5 (세트)

이 도서의 국립중앙도서관 출판시도서목록(CIP)은 e-CIP 홈페이지(http://www.nl.go.kr/ecip)에서
이용하실 수 있습니다(CIP제어번호: CIP2015031955).

빠우-브라질 총서 01

브라질 사람들

호베르뚜 다마따 지음 | 임두빈 옮김

후마니타스

| 일러두기 |

1. 한글 전용을 원칙으로 했고, 포르투갈어의 우리말 표기는 기존의 국립국어원의 포르투갈어 한글 표기 규정을 존중하면서, 포르투갈과 브라질 원어의 발음을 따랐다. 그러나 관행적으로 굳어진 표기는 그대로 사용했으며, 처음 나온 곳이나 필요한 경우 원어를 병기했다.
2. 단행본·정기간행물에는 겹낫표(『 』)를, 논문에는 큰따옴표(" ")를 사용했다.
3. 독자의 이해를 돕기 위한 옮긴이의 첨언은, 본문에서는 [ ] 안에 표기를 했고, 긴 설명을 요하는 경우는 ● 표시와 함께 본문 아래에 넣었다.

| 차례 |

프란시스코 슈리그 비에리라 켈러를 기리며,
이 책에 대해 많은 질문을 해준
내 그리운 친구에게

포르투갈답고 브라질다운 관대함을 보여 준
다니엘 호드리게스를 기리며

다닐라 페헤이라 다 코스타 부인,
아구스칭뉴 다 시우바와
마리아 비올랑치 부인과
포르투갈과 브라질의 모든 사람들에게

그리고 아우미르 부르네치 씨가 베풀어 준
고귀한 환대에 감사의 뜻을 표하며

이 책을 바칩니다.

01

정체성의 문제

먼저, 이 수수께끼 같은 책 제목[•]부터 설명해야겠다. 소문자로 시작되는 '브라질'brasil과 대문자로 시작되는 '브라질'Brasil의 근본적인 구분이 필요하다. '소문자 브라질'은 브라질 국명의 기원이 된 나무 이름, 또는 식민지 개척 당시 포르투갈이 사용한 교역소feitoria의 명칭이다. '대문자 브라질'은 민족, 국가, 가치 체계, 삶의 가치와 선택, 이상理想 등의 총체를 의미한다. '소문자 브라질'은 생명 없는 객체, 주관적 자의식 또는 내부의 미미한 흐름, 소멸했고 더 이상 시스템으로서 재생될 최소한의 여지도 갖추지 못한 물체의 일

● 이 책의 원서 제목은 『무엇이 소문자 브라질, 대문자 브라질을 만드는가?』(*O que faz o brasil, Brasil?*)다.

부에 불과하다. 19세기의 몇몇 사회 이론가•들은 '포르투갈과 유럽의 유실된 파편'인 이 땅에서 병적이고 저주 받은 인종들의 총체를 보았다. 이 땅의 인종들은 피가 섞인 데다가 무성한 자연과 열대기후의 영향이 가세해 퇴폐적이 될 운명, 생물학적·심리학적·사회적 죽음을 맞이할 운명이라고 생각했던 것이다. 반면 '대문자 브라질'은 훨씬 더 복합적인 것이다. '대문자 브라질'은 나라, 문화, 지리적 장소, 대외적으로 인정받는 국경과 영토이자 동시에 보금자리이며, 브라질 국민들의 땀이 서린 토대이자, 안식처, 기억이면서, 특별하고 유일하며 완전하게 성스러운 연결 고리를 가진 공간에 대한 의식을 가리킨다. '대문자 브라질'은 또한 자신만의 사건들을 지닌 독특한 시간이요, 카니발 축제 속에서 가속화될 수 있고, 죽음과 기억 속에서 멈춰질 수 있으며, 좋은 추억 속에서 곱씹을 수 있는 시간성을 가리키기도 한다. 이렇게 지역화된 리듬을 지닌 시간과 시간성은 대체가 불가능하다. 사람들이 일단의 가치를 추종하고 오로지 그들만의 기준 안에서 인간의 행위를 판정하는 사회. 그 사회는 고정된 것이 아니라 역사의 유기성 속에서 과거와 미래가 합쳐지고 확대되는 그 어떤 것으로서 자아 성찰과 의식으로 충만한 살아 있는 실체다. 여기서 '대문자 브라질'은 위대하고 강력한 영靈처럼, 부분적으로는 잘 알려져 있고 부분적으로는 신비스러운 존재다. 마치, 모든 곳에 임하고 그 어느 곳에도 임하지 않지만 자신을 우월하고 전지전능한 존재로 인정해 줄 인간들을 필요로 하는 유일

• 환경결정론이나 인종 결정론을 주장한 이론가들을 가리킨다.

신Deus과 같은 존재인 것이다. 브라질 태생의 성인成人이라면 그가 어느 공간에 속해 있든 간에 '대문자 브라질'이 함께한다. 하지만 그 존재의 신성함에 구체성과 권위를 느낄 수 있도록 그 존재감을 나타내거나 환기시킬 필요가 있다. 동시에 그와 반대로, 그 존재는 우리가 매일 들이마시는 공기처럼 존재감이 없고, 비교나 대조 같은 것을 통해 더 분명하게 드러나는 어떤 징후들을 통하지 않고서는 의식하기 힘든 것이기도 하다. 우리가 익히 아는 바와 같이, 인간이 만들어 낸 특정한 신들은 특정한 순간, 특정한 인식 틀 안에서만 존재한다. 사회도 마찬가지다. 일반적으로 우리는 사회에 대한 지식, 특히 우리 브라질 사회에 대한 지식을 가장 공식적이고 존귀한 표상들을 통해 습득하는 데 익숙하다. 교회를 통해 신성함을 접할 수 있듯이, 우리가 살아가는 사회 역시 일반적으로 좀 더 '교양 있는' 목소리를 통해 인지된다. 눈이 있어도 볼 줄 모르는 전통주의자들에게, 신들은 기도하고 헌신하는 성소나 예배당 그리고 성서에나 등장하는 존재다. 상상력이 떨어지고 무딘 관찰자들에게, 사회는 과학과 문학과 예술 안에서만 존재한다. 공적인 시각은, 국민의 목소리와 시각, 더군다나 모든 곳(성당의 화려하고 엄숙한 제례 의식에서, 인간의 숙명에 대한 염려의 창살 안에서 헐벗고 굶주리고 삶의 복합적 의미의 환상적인 무게에 짓눌려 겪는 신비주의적 환영 속)에서 넉넉하게 신을 보는 인간적 조건 속에서의 경험과 모순된다.

우리는 이 책에서, 비교를 통한 개방적이고 상대적인 관점에서 우리 사회의 비전을 제공할 수 있는 사회인류학의 도움을 통해 우리가 살아가고 있는 브라질 사회, 신성한 것으로 섬기며 사랑하는 브라질 사회의 여러 가지 양상을 살펴보기를 원한다. '대문자 브라질'은 어디에나 존재하기 때문이다. 우리가 항상 공식 언어로 이야기해야 하는 법, 정치, 경제 영역에도 '대문자 브라질'이 존재하고, 또한 우리가 먹는 음식과 입는 옷, 거주하는 집, 사랑하고 아끼는 여인들에게조차 '대문자 브라질'은 존재한다. 이런 시각에서 볼 때, 법률에서 사용되는 명증한 단어들이 더욱 권위를 더해 주는 법원, 의회에서 행해지는 고귀한 의식 가운데서 '대문자 브라질'을 찾아야 한다. 그러나 법원 건물의 대리석처럼 차갑고 준엄한 규정이 적용되지 않더라도 실제로 법이 집행될 때 발생하는 '제이칭뉴'jeitinho●, '말란드루'malandro●● 안에도 '대문자 브라질'이 또한 존재한다. 이처럼 '대문자 브라질'은 어느 곳에나 있다. 아니, 어디에서든 조우할 수 있다는 표현이 더 나을지도 모른다. 잘못은 우리 사회가 마치 외부에서 주어진 공학 설계도에 따라 만들어진 기계처럼, 있지도 않고 있을 수도 없는 장소(번지수가 틀린 곳)에서 '대문자 브라질'을 찾으려는 것에 있었다.

성스럽고 진지하며 법적인 것에서 비롯된 '대문자 브라질'이 좀

● 법적으로 해결하기 어려운 사회 현실의 문제를 사적으로 해결하는 브라질식 편법을 가리키는 말이다. 사회 구성원들이 품앗이처럼 서로 편의를 봐주는 방식으로 긍정적인 면도 있지만 그 정도가 지나치면 부정부패로 연결된다.

●● 길에서 무위도식하면서 최소한의 노력으로 최대의 것을 얻는 인물을 지칭한다. 정당한 노력이나 노동의 대가 없이, 혹은 불법적으로 이득이나 기회를 챙기려는 브라질 국민성의 부정적인 부분을 드러낼 때 사용한다. 제이칭뉴를 부정적인 방식으로 과도하게 써먹는 자라고 할 수 있다. 저자는 이를 영어로 쓸 때 불량배나 사기꾼을 가리키는 'Rogue'로 번역했다.

더 일반적이고 친숙하다는(친숙한 시각이라는) 점을 인정하지만, 나는 다른 관점들과 질문들을 통해 '대문자 브라질'을 이 책에서 밝혀 보고자 한다. 이 책에서는 전적으로 공식적인 시각만을 전달하거나, 대부분의 서점에서 찾아볼 수 있고 학교에서 교사들이 천편일률적으로 재생산해 내는 수준의 사회·역사적 지식에 대해서는 더 이상 다루지 않을 것이다. 대신 전적으로 브라질 국민들과 그들의 일상적인 것들로 이루어진 '대문자 브라질'을 다룰 것이다. 음식 속에, 여인네 속에, 식견 높은 신부들의 복잡한 신학을 필요로 하지 않는 종교 속에 깃들어 있는 브라질. 일상 속에서, 희로애락을 주고받으며 작동하는 우정과 혈연의 법칙들이 작동하는 브라질, 그리고 우리가 일상을 영위해 가는 집과 가정에 깃들어 있는 브라질. '말란드라젱'malandragem● 과 카니발의 기발하고 발랄한 장난들(우리는 딱히 범죄자가 될 필요 없이 이 장난을 치고, 그러면서 시작과 끝 시간이 정해져 있는 주변부적 상태를 경험한다) 속에 깃들어 있는 브라질. 이 '대문자 브라질'들은 은행 계좌의 돈이나, 혹은 명령만을 기다리고 있는 기술 관료와 이념가들에 의해 고무된 정부 주도의 경제개발계획을 통해 전적으로 설계되고 패권적으로 표준화된 삶을 거부한다. 법을 다수에, '사람'pessoa●● 을 '개인'indivíduo●●● 에, 사건을 구조에, 상한

● 말란드루가 저지르는 행위들 일반을 가리킨다.

●● 저자가 특정 의도로 구분해서 사용하는 용어다. '사람'(peesoa)은 개인적, 가족적, 정으로 빚어진 그물망에 포함되어 있는 존재를 가리킨다.

●●● '사람'(pessoa)와 구분해서 사용. 공적이고 법적인 속성을 지닌 것으로, 극단적

음식을 구조적 빈곤에, 신성한 국가國歌를 출처 불명의 삼바와 모든 가치를 상대화시키는 힘에, 카니발을 정치적 집회에, 남성을 여성에게, 그리고 심지어 한술 더 떠서 신을 악마에 그토록 잘 결합시킬 줄 아는 것이 바로 '대문자 브라질'이다. 이 모든 것을 바탕으로 우리는 앞으로 전개해 갈 글을 통해, 금기시되어 왔고, 이러저런 감정을 불러일으키는 "무엇이 '소문자 브라질', '대문자 브라질'을 만드는가?"라는 질문에 대해 답할 것이다.

이는 관계에 대한 질문이라는 것을 주목하라. 브라질 사회 자체가 분리가 아닌 통합을 원하듯이 말이다. 우리는 왜소한 브라질뿐만 아니라 이미 만들어진 거대한 브라질 또한 원치 않는다! 우리는 두 개의 브라질이 서로 어떻게 연결되는지 알기 원한다. 각각이 서로에게 의존하는 방식, 그리고 두 개의 브라질이 우리가 '조국'이라고 부르는 대상에 구체적으로 존재하는 하나의 현실을 형성하는 방식을 밝히려 한다. 좀 더 정밀하고 사회학적인 언어로 말하자면, 먼저 '소문자 브라질'은 (개별적인) 인간의 가능성들에 주어진 것으로, '대문자 브라질'은 보편적인 가능성들의 특별한 조합으로 표현할 수 있을 것이다. 설명하기 힘든 구분이지만 둘 사이의 관계는 중요하다. 그 관계야말로 보편적인 것들에 기반을 두고 있음에도 불구하고 브라질 사람에게만 존재하는 특징적인 스타일, 존재 방식과

으로는 가족, 친우, 혈족 관계를 포함해서 온정적으로 형성된 관계망이 제거된 개념으로 사용. 집단을 통해 정체성을 형성하는 브라질 사회에서 개인주의는 이기주의와 동의어로 받아들여진다.

생존 방식이 무엇인지를 결정하는 요소이기 때문이다. 이처럼 이 에세이의 출발점은 다음과 같다. 사람이든 사회든 간에 모두 자신들의 스타일, 일하는 방식으로 정의된다. 만약 인간의 존재 조건 가운데 먹고, 자고, 일하고, 후손을 생산하고, 기도하는 것이 보편적인 것이라면, 어떤 음식을 먹는지, 무슨 일을 하는지, 누구와 가정을 꾸리고 어떤 신에게 기도를 해야 하는지에 대한 상세한 사항은 개별적인 요소들이다. 이처럼 사전에 정해지지 않은 개별적 영역으로부터 차이들이 필연적으로 태동됐고, 그 차이 안에서 존재와 현존의 방식들, 그 각각의 '제이뜨'jeito● 들이 탄생하는 것이다. 왜냐하면 각각의 개별적인 인간 집단, 어떤 구체성을 띠는 집단만이 인간이 지닌 보편적인 조건을 갱신할 수 있는 가능성을 갖기 때문이다. 그 외의 것들은 극장 안에 자리를 차지하고 있지만 정작 무대에 오르지 못하고 버려진 소품들마냥, 마치 존재하지만 보이지 않는 유령처럼 자신들을 선택하지 않은 우리를 원망한다.

여기에는 어떤 개별 시스템과 그 시스템에 깔린 보편자들 사이의 관계에 대한 문제가 인문학에 존재하는 여러 가지 매혹적인 질문들 가운데 하나라는 사실이 전제된다. 그것은 언제나 정체성의 문제다. 그것은 과연 우리가 누구인지, 어떻게 그리고 왜 우리가 우리일 수 있는지를 아는 것이다. 인간은 다른 무엇보다도 정체성을 파악하고 정당화하고 차별화하는 능력을 통해 다른 동물과 구분된다.

● 제이칭뉴와 동의어다. 제이뜨가 일반형으로 좀 더 공식적으로 보이고 제이칭뉴는 제이뜨의 축소형으로 좀 더 친근하고 비공식적이면서 고유어로 사용하는 차이가 있다.

그런데 여기서 중요한 것은 사회적 정체성이므로, 타자들을 통해 자신을 아는 일은 철학적 탐구가 아닌 인류학적 탐구를 지향하게 된다. 그러나 짐작하겠지만 숙제는 우리가 누구인지 아는 것이 아니다. 우리가 정체성을 어떻게 구축하는지 알아보는 것이 필요하다. 나는 안다. 내 이름은 주제 다 시우바José da Silva이고, 브라질 사람이고, 기혼남이고, 공무원이고, 플라멩코Flamengo 축구팀의 팬이며, 망게이라mangueira 삼바학교의 팀원이며, 물라따mulata 여성을 선호하고, 가톨릭 신자이면서 웅반다umbanda 교도•이고, 제법 축구를 잘하는 편이고, (사람은 신뢰하지 않지만) 운을 믿어서 상습적인 복권 구매자라는 사실을. 나는 주제이기에 나폴레옹이나 뉴욕 시민인 윌리엄 스미스나 소비에트연방의 애국자인 이바노비치가 될 수 없다. 나는 나를 이런 식으로 구별한다. 나를 일련의 속성에 강하게 연계시키고, 이 속성들을 이용해, 그리고 이 속성들을 통해 하나의 역사, 즉 나만의 역사를 형성한다. 그렇지만 내가 누구인지를 어떻게 알 수 있는가? 내가 인간으로서 그리고 브라질 사람으로 태어나게 된 경로를 어떻게 설명할 수 있을까?

사회적 정체성은 어떻게 구성되는가? 브라질에서 민족은 어떻게 변화하는가? 이런 질문은 삶 속에 가려진 단순하지만 아주 중요한 것을 발견하게 해준다. 그 답은 바로 사람들과 사회에 부과된 경험

• 웅반다는 앙골라 킴분두어에서 유래된 말로써 '마술', '치료 예술'이라는 의미를 가지고 있다. 20세기 초에 발원한 흑인 노예의 종교가 모체이지만 가톨릭과 브라질 원주민의 심령주의가 함께 섞인 습합 종교의 총칭으로 불린다.

들의 집합에서 나온다. 즉 인간이 먹고, 자고, 죽고, 후손을 보는 일 등과 같이 생존 자체에 필요한 것들이 있고, 우연적이고 표면적인 것들로서 브라질이 중국인이 아닌 포르투갈 인에 의해 발견되었다는 사실과 브라질의 중남부 지역에 위치한 산맥들이 이러저러한 특성을 띠고 있다는 것과, 브라질 사람들은 다른 곳이 아닌 유럽의 영향력을 강하게 받았고 프랑스어가 아닌 포르투갈어를 사용하며 19세기에 포르투갈 왕실이 브라질로 천도했다는 것과 같은 역사적 사실들이 있다. 각각의 사회와 각각의 인간은 제한된 수의 '사물들'과 경험들을 활용해 유일하고 경이롭고 성스럽고 '합법적인' 그 무엇을 구성할 뿐이다.

나는 이러저러한 이유로 내가 미국인이 아니고 브라질 사람이라는 것을 안다. 햄버거가 아닌 페이조아다feijoada•를 좋아하고, 다른 나라의 것들, 무엇보다 다른 관습과 사고에 대한 수용력이 낮고, 옷 입는 법이나 제스처나 사회생활에 있어서 아주 기발한 감각을 가졌고, 뉴욕에 살지 않고 리우데자네이루Rio de Janeiro에 살고, 영어가 아닌 포르투갈어로 말하고, 대중음악을 들을 때 그 리듬이 삼바samba인지 프레부frevo••인지를 단번에 구별할 줄 알고, 축구가 손이 아닌 발을 사용하는 스포츠라는 것을 알기 때문이다. 해변에 가는 이유가 꼭 수영을 하기 위해서가 아니라 친구들과 얘기하고 여자들을

• 식민 시대에 노예들이 주인이 버린 음식 찌꺼기(돼지 귀, 혀, 발)를 모아 검은 콩과 끓여 먹었던 것으로, 오늘날에는 브라질을 대표하는 음식으로 꼽힌다.

•• 19세기 말에 브라질 북동부 헤시피(Recife)에서 태동된 카니발 리듬이자 음악이다.

보고 일광욕을 즐기기 위해서이기 때문이고, 카니발 축제 때 나의 사회적·성적 판타지를 표현할 수 있고, 공식적인 상황에서 '아니요'라는 말을 결코 사용하지 않는다는 사실과 모든 사람들이 제이칭뉴를 인간관계나 우정으로 받아들인다는 사실을 알기 때문이고, '담벼락 위에 있다'[방관하다]em cima do muro라는 표현처럼 어떤 상황에서 입장을 정확하게 밝히지 않는 전략이 우리(브라질)의 문화 안에서는 오히려 솔직하고, 현실적으로 필요하며 실용적인 처세라는 것을 이해하기 때문이고, 가톨릭신자이면서 동시에 아프리카 오리샤 Orixá● 들도 믿고, 운명이 존재한다는 것을 믿기 때문이고, 운명을 믿으면서도 학문과 교육, 브라질의 미래에 대해 믿음을 가지고 있기 때문이고, 친구들에게 신의를 지키고 가족을 부정할 수 없기 때문이고, 그리고 마지막으로 미국 친구들이 자기 스스로를 개인으로 인식하는 것과는 달리, 나는 나를 이 세상에 혼자이게끔 내버려 두지 않는 관계를 가지고 있기 때문에 브라질 사람인 것이다.

자, 이제 이런 요소들을 모아 보면 내가 누구인지 정의를 내릴 수 있다. 위에 언급된 요소들을 지니지 못한 사람 혹은 미국인과 대조되는 나에 대한 결론 말이다. 이처럼 한 사회적 정체성의 구성은 한 사회가 구성되는 것처럼 어떤 일단의 질문들에 대한 긍정과 부정으로 이루어진다. 법과 가족, 결혼과 성별에 대한 가치관, 금전, 정치권력, 종교와 도덕성, 예술, 음식과 일상의 즐거움과 같이 당신이

● 아프리카 요루바족 신화에 등장하는 신들로 노예 시대를 통해 브라질에 유입되었다. 흑인 노예들이 이들을 가톨릭 성자들로 둔갑을 시켜 명맥을 유지해 왔다.

중요하다고 여기는 모든 요소들의 목록을 작성해 보라. 바로 그 목록을 통해 자신이 어떤 사람인지 알아낼 수 있을 것이다. 인류학적·사회학적 연구들도 이런 방식으로 수행된다. 사람들이 스스로를 어떻게 위치 지우고 그 목록의 '항목들'을 갱신해 나가는지를 발견하면서, 당신은 사회적 정체성들과 사회들의 일람표를 만들 수 있다. 이 일람표는 당신이 각 시스템의 방식과 그 시스템의 제이뚜를 선택할 수 있게끔 해준다. 인류학적 용어로 말하자면, 각 사회의 '문화' 혹은 '이념'라고 할 수 있겠다. 왜냐하면, 나에게 문화라는 말은 바로 특정 방식, 특정 양식, 그리고 되풀이해 말하자면, 어떤 일을 할 때의 제이뚜를 의미하기 때문이다.

그러나 그런 선택들이 하나의 질서를 따른다는 사실을 잊지 않을 필요가 있다. 내가 앞글에서 대조를 통해 '브라질 사람'과 '미국 사람'을 만들어 낸 적이 있다. 그러나 브라질 사람을 정의하는 데 있어 설득력을 제공한 것은 다름 아니라 브라질 사회 그 자체였다. 다시 말해서, 내가 '브라질 사람'을 축구, 대중음악, 카니발, 퓨전 요리, 친구와 친척, 그리고 성자들과 오리샤 등을 사랑하는 존재로 정의 내릴 때, '대문자 브라질'이 제공한 공식을 사용했다는 얘기다. 누군가가 브라질 사람으로 정의된다는 것은 그 사람이 그런 정의를 수용할 수 있기 때문이다. 만일 내가 옷을 우아하게 입고 고상하게 말하며 조형미술을 좋아하고 박물관을 주기적으로 관람하고 클래식 음악을 즐기며 개인적인 비화에 웃지 않으며 카니발과 축구를 끔찍해 하는 등등의 모습을 지녔다면, 나는 확실하게 다른 나라 사람으로 분류될 것이다. 이는 우리가 [한 개인에 대한] 어떤 윤곽을 그

릴 수 있는 공식을 제공하고, 이를 어느 정도 정확한 그림으로 만들어 주는 것은 바로 사회라는 점을 명확히 가리킨다.

이 모든 게 우리가 브라질의 정체성을 구축하는 데 있어 '소문자 브라질'과 '대문자 브라질'이라는 두 가지 기본적인 양식이 존재한다는 사실을 알게 해준다.

우리는 그 두 가지 양식 중 하나에서 필요한 자료들을 활용한다. 인구와 경제통계치, 국민총생산, 국내총생산에 대한 정보와 우리를 항상 놀라게 하고 두려움에 빠지게 하는 인플레이션과 1인당 국민소득의 수치들. (지금의) 브라질이 우리가 원했던 바와 같은 나라가 아니라는 점을 명백하게 하기 위해 정치와 교육 시스템에 관련된 자료 역시 동원된다. 이런 자료는 근대사회의 정체성을 구축하게 해준다. 프랑스혁명과 산업혁명 이래 서구 사회에서 수립된 기준들에 의거해서 말이다. 이런 틀 안에서 우리는 '객관적'이며 양적이고 명확한 기준들에 의해 정의된다. 그리고 놀랍게도 몇몇 사회가 스스로를 그렇게 정의한다는 것을 발견하게 된다. 실제로 특히 미국을 위시해 영국, 프랑스, 독일과 같은 나라들은 거의 그들 스스로의 기준으로 만든 이런 배타적인 분류 기준을 통해 정의된다. 그러나 문제는 브라질을 비롯한 다른 여러 사회들의 경우에는 상이한 분류 방식이 존재한다는 점이다. 정체성은 이중적으로 구축된다. 한편으로는 양적 자료들을 통해서인데, 이 경우, 우리는 우리가 항상 꺼리는 방식이 작동되는 획일적인 한 집단이 되어 버린다[예로, 축구의 나라, 삼바의 나라, 범죄율이 높은 나라, 부패지수·인간개발지수가 낮은 나라 등]. 또 다른 한편으로는 감성적이고 질적인 자료들을 통해서다. 이

때 비로소 우리는 스스로를 가치 있는 존재로 볼 수 있다. 여기서 '소문자 브라질, 대문자 브라질을 만드는 것'은 더 이상 변변찮은 체제나 급격하고 '뻔뻔스러운' 인플레이션이 아니라 맛깔스런 음식, 주변 어디에서나 흘러나오는 음악, 시간과 죽음을 인간화시키는 '사우다지'saudade●, 모든 것을 견디게 해주는 '아미구'[친구]amigo다.

나는 우리가 이제껏 브라질이라는 대상을 근대성의 문제로, 그리고 경제와 정치 문제로만 접근했다거나 혹은 그와 반대로 현실 문제를 가족이나 인간관계, 그리고 '꼬르디알리다지'cordialidade●●의 문제로 국한해서 보아 왔다는 것을 자각하는 것 자체가 의미 있는 발견이라고 믿는다. 내가 보는 방식은 어느 한쪽이 아닌 두 가지 관점을 동시적이고 복합적인 방식으로 보는 것이다. 이런 관점에서 이 작은 책은 브라질 사회를 이해하기 위한 열쇠는 이중의 열쇠라는 점을 상기시켜 준다. 한편으로 현대적인 전자식 열쇠가 있다면, 다른 한편으로는 오랜 세월 사용한 구식 열쇠 또한 존재하는 것이다. 내가 나의 작업에서 '관계에 입각한 접근'이라고 부르는 것, 즉 사안들을 섞고 교배시키는 능력, 사안들을 묶어서 핵심을 찾아내는 능력은 브라질 시스템의 전형적인 모습이다. 우리는 이에 대해 알

● 깊은 향수, 지금은 없는 사람이나 사물에 대한 심원한 그리움을 뜻한다. 그리움의 대상이 돌아올 수 없음을 인식한 상태를 전제로 한다. 포르투갈에서는 '사우다드'라고 하나 이는 브라질의 '사우다지'는 다른 정서다. 사우다지는 다른 외국어로 번역하기 어려운 브라질 고유의 감성이다.

●● 브라질 사람들이 지닌 일상성 중 대표적인 하나로 존중과 친절에 관련된 말이다.

고 있고, 그 정치적 표출(교섭과 화해) 및 경제적 표출(국가 통제적이면서도 다른 한편으로는 고전 자본주의의 가이드라인을 따르는 경제)과 공생하고 있다. 그러나 이에 함축된 사회학적 의미에 대해서는 별로 심도 깊은 논의를 하지 못했다. 내가 보기에 이 사회학적 의미는 브라질 사회를 특징짓는, 현대적인 것과 옛것의 연결에 감춰져 있다. 나는 이 책에서 지미 스캇Jimmy Scott의 재치 있는 삽화의 도움을 빌어 어마어마하고 결코 고갈되지 않는 이 교배적인 창의력을 보여 주고자 한다. 브라질 사람과 사회가 지닌 이런 양면성을 구별하지 못하면서 브라질의 정체성이나 비전을 언급할 수는 없을 것이다. 이는 마치 동전 던지기와 같다. 세계열강이라고 부르기에는 보잘것없고 낙후된 '소문자 브라질', 그래서 맥 빠진 자기 채찍질로 귀결되는 '브라질'이라는 면이 선택되거나, 기적의, 그리고 주기적으로 위기에 빠지는 정치적·경제적 권위주의의 '대문자 브라질'이라는 면이 선택되는 형국인 것이다.

따라서 동전의 양면으로서의 브라질에 대해 논의해 볼 필요가 있다. 아직까지 브라질에 대해 관계론적이면서 치부를 들춰내는 방식의 자기비판적인 분석을 시도해 본 적이 없었다. 이제는 환영을 거둬 내고 현실을 똑바로 바라보는 시각이 필요하다. 그렇다면, 결국에 이 동전의 양면을 어떻게 연결시킬 것인가가 관건이 된다. '소문자 브라질, 대문자 브라질을 만드는 것이 무엇인가?'

계속 살펴보도록 하자.

02

집, 거리, 노동

브라질의 도시 한 곳을 관찰해 보자. 직장에서 집으로, 또 집에서 직장으로 이어지는 뚜렷한 일상의 움직임이 있다. 소득 고하와 남녀노소에 상관없이 모든 사람이 매일 수행하는 사이클 속에서 집과 거리는 상호작용과 보완작용을 한다. 어떤 이들은 집-거리-집을 걸어서 다니고, 또 어떤 이들은 자전거로 다닌다. 대부분은 지하철, 버스와 자가용으로 출퇴근을 하지만 어쨌든 모든 이들이 이런 일상을 반복하며 살아간다. 바로 이것이 우리가 살아가는 일상의 기본적인 틀이다. 브라질 사람들의 사회적 삶을 구분해 주는 사회적 공간은 근본적으로 '집의 세계'와 '거리의 세계'(이론적으로는 일, 분잡함, 놀라움, 유혹이 존재하는 세계) 두 가지로 구분된다.

거리 또한 집처럼 전형적인 휴식 공간의 역할도 하지만 집casa이

제공하는 고요함 및 차분함과는 대조적으로, 거리는 개방적이며, 기본적으로 사회생활과 관련된 개념이자 움직임이 있는 장소다. 사실상, 집 내부에서 혹은 가정에서 우리는 한 가족의 일원이자, 명확한 경계를 지닌 폐쇄된 집단의 일원이다. 집의 핵심은 혈육 관계, 따라서 동일한 본질을 공유하는 사람들로 구성된다는 것이다. 그 물리적 실체는 육체적 특징뿐만 아니라 다른 많은 공통 요소들 속에도 투영된다. 공동 운명이라는 생각은 구성원 모두가 보존하고 존속시켜야 한다고 여기는 대상, 관계, 가치들과 관련되어 있다. 이는 소위 '가문의 전통'이라 불리며, 특정 양식의 삶의 방식을 부여하면서 한 가문을 차별화하는 집단적 상징들을 가리킨다. 그러나 명확한 집단 개성에 의거해 행동하는 뼈대 있는 가문들에게, 그와 같은 가치들은 '명예'와 '수치'로 불리기도 한다. 이와 같은 질서의 틀 안에서 한 가문은 마치 개인처럼 단일하면서도 집단적으로 행동하는 '도덕적 인간'이다. 바로 이 지점에서 현대 브라질의 도시에서도 집의 경계를 보호해야 한다는 문제가 제시된다. 그것이 물리적인 경계이든(과연 누가 도시에서 한밤중에 자기 집 대문과 창문을 열어 둔 채로 마음 놓고 잘 수 있겠는가?) 도덕적인 경계이든 말이다. 이처럼 집을 가진 사람들은 자신의 동산과 부동산은 물론, 어린아이, 여자, 가사 노동자들을 보호하려는 의지를 강하게 가지고 있다. 그래서 다른 현대 국가들과는 달리, 이곳 브라질에서는 어떤 의미에서 볼 때, 가사 노동자들을 그들이 일하는 가족의 한 일원으로 본다. 마르셀 모스Marcel Mauss•가 말한 것처럼 주택은 사회적 총체라는 개념을 갖고 있기 때문에 그 가사 노동자들의 안녕까지 그 보호 범주 안에 포함된다. 우리 브라질 사람이 '집'이라고 부르는 것은 단순히 잠을 자고, 음식을 먹으며, 추위와 비를 피할 수 있는 곳을 의미하는 것이 아니라 강력한 윤리 속에서 깊숙이 총체화된 공간, 다시 말하자면 가치들과 복합적인 현실들이 스며든 사회적 삶의 차원을 의미한다. 과거로부터 전해 내려온 것들과 현재의 사물들, 이 세상을 떠나는 사람과 이 세상에 도착하는 사람들, 아주 오래전부터 가정을 매개로 연관된 사람들과 이제 막 알게 된 사람들. 집은 물리적인 장소가 아니라 도덕적인 장소다. 기본적으로 육신을 지녔을 뿐만 아니라, 도덕적·사회적 차원 역시 지닌 인간으로서 우리 스스로를 구현하는 영역인 것이다. 이처럼 집에서 우리는 유일하면서 대체 불가능한 존재다. 성姓과 나이처럼 사회적으로 중요한 수많은 차원들에 의해 생긴 관계망들 속에서 집은 유일무이한 장소인 셈이다.

그러나 집 안에서도 우리는 나이의 적고 많음으로, 남자와 여자라는 성별로 구분된다(이는 아마도 브라질 사회에서 제일 먼저 배우는 사회적 차원들일 것이다). '명예', '수치', '존중'과 같은 집단적 가치들 역시 우리를 결정짓는다고 볼 수 있다. 나는 브라질에서는 가족애를 대부모代父母와 친구들에게까지 확장해 이들에게 집 대문과 식탁 자리를 항상 열어 두어야 하는 것이라고 강조하고 싶다.

이 모든 것이 합쳐져서 우리 브라질 사람들은 각자의 주거지를

● 프랑스 사회학자 겸 인류학자(1872~1950)이자 에밀 뒤르켕(Emile Durkheim)의 조카로 뒤르켕 학파 확립에 공헌했다. 종교와 주술이라는 이원론에 있어서 더 근원적이고 신비적인 힘에 대해 주장한 바 있다.

특수한 장소, 배타적 공간으로 인식한다. 각각의 집은 설사 다른 집들과 동일한 공간, 기본적으로 동일한 물건들을 소유하고 있다 해도 서로 다르다. 모든 집이 유일무이한 이유는 주거지로서의 물리적 공간의 차이 때문만이 아니라 심층적인 사회적 공존이 이루어지는 영역이기 때문이다. 이런 시각으로 집을 바라보면 근본적으로 '가정'과 '주거지'를 나누어 구분할 수 있다. 동일한 크기와 형태로 건축된 싸구려 서민 주택이나 빌라도 그곳에 사는 사람들에 따라 각기 다른 모습을 띤다. 창가에 장식된 아줄레주azulejo●, 정문 입구 위에 새겨 놓은 문패, 꽃과 정원, 창문과 문에 칠해진 색깔 등에서 말이다.

집은 배타적인 공간인 동시에 포용적인 공간이기에, 여기에는 추가된 식구들도 있다. 동일한 거주지에 살지만 가족의 일원이 아닌 이들이다. 심리적 안정이나 의사를 찾아 북부 지방에서 내려온 친척, 가정불화나 경제 사정으로 몸을 의탁한 친구, 어디 달리 갈 곳이 없는 나이든 일꾼, 일자리를 구하기 위해 대도시를 찾아온 대부代父, 정치적 사상과 신념으로 인해 도피 생활을 하는 친구, 사랑을 쟁취하고자 아버지와 오빠들에게서 잠시 피신해 온 여인. 심지어 애완동물들까지도 가족의 범주 안에 넣을 수 있다. 이들도 그 거주지에 사회적으로 긍정적인 혹은 부정적인 의미를 부여하며 일정한 공간을 차지하고 있다. 이런 점에서, 사람들이 흔히 우리 집 강아지

● 타일에 그림을 그려 도자기처럼 구운 포르투갈의 타일 장식. 이슬람의 타일 장식에서 영감을 얻어 포르투갈만의 독특한 양식을 갖추게 되었다.

가 더 말을 잘 듣고 영리하다는 둥, 우리 집 고양이가 털이 더 윤기나고 재롱도 더 예쁘다는 둥, 우리 집 새가 더 예쁘고 맑은 소리를 낸다는 둥 이야기하는 것이 이상한 일이 아니다.

어쨌든 우리 집이라는 공간에 있는 것은 모두 좋고, 예쁘고, 무엇보다도 품위 있다. 심지어 우리 집 화초들마저 이웃집 화초보다 더 싱싱하다. 그리고 도덕적으로 엄격하게 금지된 이유(우리 인류학자들은 이를 '금기'라고 부른다) 때문에 우리는 애완동물을 요리해서 식탁 위에 올리지 않는다(고대 아즈텍인들은 개를 먹고 시장에서 식용으로 사고 팔았다는 점은 알려야겠다). 관상용 식물도 마찬가지다. 이들은 고도의 상징적인 기능만 할 뿐이다. 실제로 애완동물이나 관상용 식물은 실용적인 목적이 아닌 구별 짓기를 위해 기르는 것이다. 이들은 우리 자신이다. 이들은 누가 누구인지 모르는 익명의 아스팔트 세계(그 어두운 돌[石] 밀림의 세계)의 고만고만한 구성원인 우리가, 또한 이와 동시에 도시의 특정 지역에 살면서 그 주거지를 유일하고 특별하고 차별성 있으면서 '멋진' 곳으로 변모시킬 수 있는 차별화된 구성원인 우리가 심오한 사회적 정체성을 수립할 수 있게끔 해준다. 다시 말하지만, 우리는 '가정'이라는 공간을 통해 차별화된다. 가정은 교도소, 기숙사, 합숙소, 호텔, 모텔 같은 공동 거처와는 극적으로 대조된다. 공동으로 사용하는 공간에서는 우리의 사회적 정체성을 벽이나 문, 바닥과 창문에 효과적으로 투영시킬 수 없다.

중요하고 차별화된 도덕적 공간으로서 집은 브라질적 우주론, 즉 브라질의 더 근원적이고 영속적인 질서의 한 부분인 상징들의 복잡하고 매혹적인 망 속에서 표현된다. 이와 같이, 집은 조화가 혼란,

경쟁, 무질서를 지배해야만 하는 대단히 애정 어린 공간을 경계 짓는다. 모두가 잘 알다시피 정상적인 브라질 사람이라면 집에서는 결코 사거나 팔거나 교환하는 행위를 해서는 안 된다. 악이 선에서 배제되듯이 상업 행위는 집에서 배제된다. 마찬가지로 가족들 사이에서 서로 일치하지 않는 사견이 항상 개입되는 정치적 논쟁은 식탁에서나 거실, 무엇보다도 방안에서는 금기시 된다. 논쟁이 불가피할 때는 베란다나 뒤뜰 같이 집에서 가장자리에 속하는 장소로 자리를 옮긴다. 이곳은 '집'과 '거리'('투쟁', 경쟁, 개인성과 개인주의의 잔혹한 익명성 등이 판치는 외부세계) 사이에 위치한 곳이다. 그래서 집에서는, 또 브라질 가족 코드에서는 연장자와 남성들이 옹호하는 전통적인 도덕적 가치로 점철된 보수주의적 담론이 늘 생산되기 마련이다. 또한 집 안에서 우리는 모든 것을 마음대로 할 수 있다. 집이라는 공간은 개인이 완전히 부재하는 거리와 극명하게 대조적으로 개인에 대한 최고의 인정, 즉 일종의 슈퍼 시민권이 행사되는 공간이기 때문이다. 그래서 나는 집에서는 모든 것을 가질 수 있으며, '나'라는 사람은 극히 개인적인 소망과 의지를 통해 인식된다. 나는 대부모, 피고용인, 가사 노동자, 친구들의 네트워크로 이루어진, 소멸되지 않는 조합(브라질적 가족)의 영원한 구성원이다. 이 조합은 시민의 존중을 통해 자신과 경쟁하려는 정부나 행정 부처보다 훨씬 더 생명력이 있다. 이런 모든 사안 때문에 나는 집이 브라질에 대한 특별한 독해 방식을 제공한다고 본다. 물론 모든 현대사회에는 집과 거리가 존재한다. 그렇지만 내가 여기서 주장하는 바는 우리 브라질 사람들에게 있어서 집은 별도의 세계를 만들어 낸다는 사실이다. 우주에서 시간은 선형적이지 않고 순환적이다. 시간의 지속은 시계에 의해서가 아니라, 두르몽Drummond●의 시에 있듯이 퇴색하고 좀먹은 사진을 통해 측정된다. 시간은 나이 많은 이들의 죽음과 새로 태어난 아이들의 세례를 통해 측정된다. 가족의 안녕과 생존을 위해 가장을 중심으로 모두가 모인 날들의 달콤한 추억을 통해 되돌아갈 수 있는 연한과 경험을 가진 시간. 다시 말해서, 모든 차원이 들어 있는 집을 관찰할 때, 집과 거리가 단순히 지리적인 공간 개념을 넘어선 사회에 우리가 살고 있음을 깨달아야 한다. 이는 세계에 대한 읽기, 설명하기, 말하기 방식이기도 하다.

그렇다면 '거리'란 공간은 어떤가? 우리가 익히 알다시피 거리는 '움직임'의 장소다. 거리는 항상 '국민'povo과 '대중'massa으로 불리는 각기 다르고 서로 모르는 사람들이 하나의 강처럼 흘러가는 공간이다. 이는 사용되는 어휘로 구분이 된다. 집에도 사람이 있지만, 거기에 있는 '사람'pessoas은 '우리'gente, 즉 '가족'nossa gente이다. 그러나 거리에는 단지 뿔뿔이 흩어진 '개인'indivíduo, 도시에 거주하며, 항상 착취적이고, 시민 의식과 노동에 대해 극명하게 부정적인 개념을 가진 대중만 있을 뿐이다. 우리는 거리를 투쟁과 전투의 장소, 그래서 우리 모두의 의지에 전면적으로 반하는 잔혹성이 발생하는 공간이라고 말한다. 따라서 우리는 거리를 '삶의 힘겨운 현실'

● 까를로스 두르몽 지 안드라지(Carlos Drummond de Andrade, 1902~1988). 브라질의 시인이자 언론가 및 문화 평론가. 1922년 선언된 브라질 모더니즘 운동의 핵심 인물로서 자유시 형식에 구어체와 비인습적 구문을 도입했다.

로 인식한다. 거리에는 모순, 냉혹함, 놀라움들로 점철된 삶의 흐름이 확실히 존재한다. 시간은 시계로 측정되고, 역사는 꼬리를 물고 일어나는 사건들을 통해 복잡하고 영원한 쇠사슬을 형성한다. 그렇기에 거리에서는 시간이 달리고 날고 흐른다. 기쁘고 사랑스러운 관계를 맺기에 시간이 멈춰져 있는 집보다 훨씬 더 빨리 말이다. 까만 아스팔트 위에서, 어딘가로 가려고 내딛는 분주한 발걸음 속에서, 우리를 물건처럼, 그리고 이름도 얼굴도 없는 개인처럼 취급하는 공권력과 맞서는 초조함 속에서, 거리라는 왕국은 투쟁과 피의 동의어다. 원칙적으로 거리에는 그 어떤 사랑도, 배려도, 존중도, 우정도 없다. 자식이 영화관이나 무도회장이나 학교에 처음으로 혼자 가는 경우 우리가 신신당부하는 데서 입증되듯이 거리는 위험한 장소다. 이 위험하고 사악함으로 가득 찬 세계에서 혈육이나 식구가 맞닥뜨릴 위험을 걱정하게 되는 곳이 바로 브라질 거리의 현실이다. 따라서 누군가 이런 밀림에서 모험을 시도하면 우리는 덮어놓고 주의를 주는 것이다. 거리에서 벌이는 우리 스스로의 행동은 우리가 늘 얘기했던 최악의 예언, 가장 암울한 예언들을 확인시켜준다. 우리는 오인과 혼돈과 속임수의 왕국에 살고 있다. 거리는 인간을 육신과 의지를 지닌 도덕적 개체로서의 '우리'나 '사람'으로 존중해 주는 이가 없는 곳이다. 거리와 집은 보완관계에 놓여 있다. 브라질에서 집과 거리는 동전의 양면과도 같다. 한쪽에서 잃은 것은 다른 한쪽에서 얻는다. 섹스나 노동처럼 집에서 거부된 것을 거리에서 얻는 것이다. 사건, 관계, 사람 등에 대한 우리의 분류 속에서 집과 거리가 그와 같은 분류의 가장 근원적인 축으로서 개입된다는 사실을 새삼스럽게 환기시킬 필요는 없다고 본다. 그러므로 여자가 거리에 있으면 그녀를 그에 맞는 방식으로 보고 취급해야 한다. 거리와 생계가 우리 가치 체계 안에서 중요한 방정식을 이루기 때문에 '생계의 여인들'이라 부르는 게 더 정확할 것이다. 같은 방식으로, 만약 거리에서 토론을 하면 필경 싸움으로 변질된다. 반면 집에서는 상호 이해를 증진시킬 수 있다. 마찬가지로 음식에 대해 이야기할 때, 집의 음식은 좋고(좋아야 하고) 거리의 음식은 나쁘고 해롭다고들 한다. 심지어 사물과 어린아이들까지도 거리에 있느냐 집에 있느냐에 따라 다르게 해석될 수 있다.

이 모든 것으로 미루어 볼 때, 거리라는 세계는 집이라는 세계와 마찬가지로 물리적이면서 보편적으로 인식되어 있는 공간의 경계를 뛰어넘는 그 무엇이다. 그래서 우리 브라질 사람들에게 거리는 세상을 읽고 해석할 수 있는 전망을 제공해 준다. 반복되는 얘기지만 이런 전망에서는, 집에 대한 전망과는 반대로(보완적이기도 하지만) 불신과 위험이 지배적이다. 거리를 지배하는 것은 아버지도, 형제도, 남편도, 아내도, 그 어떤 친척 관계도, 우리가 한 인간으로서 친구로서 갖는 우정도 아니다. 거리는 법에 의거한 공권력에 의해 지배된다. 법은 사람을 무시하고 무자비하게 심문한다는 점에서 만인에게 평등하다. 우리 모두는 이미 일상 경험을 통해 거리에서는 공권력을 대표하는 자를 함부로 대해서 안 된다는 사실을 잘 알고 있다. 왜냐하면 거리에서는 그 누구라도 '아무것도 아닌 사람'으로 취급당하기 쉬운 위험이 도사리고 있기 때문이다. 그리고 브라질에서 '누군가'와 '아무것도 아닌 사람'은 천양지차다. 편안함과 따뜻

한 관계로 구축된 집이라는 공간과 익명성, 위험, 법, 경찰로 구축된 거리라는 공간 사이에는 심연이 존재한다. 거리에서는 우리 모두 익명의 노동자 무리에서 떨어져 나온 혁명가와 폭동자가 되려는 경향이 있다.

그러나 이 모든 것과 별개로, 거리는 노동(우리가 지나가고 뛰어넘거나 극복해야 하는 장애물을 가리키며 통상적으로 생업batente이라고 불리는)을 통한 중재를 허용하는 공간이기도 하다. 우리에게 있어 노동은 형벌의 일종으로 간주된다. 일단 낱말 그 자체가 모든 것을 말해 준다. 포르투갈어에서 노동trabalho이라는 낱말은 라틴어 'tripaliare'에서 왔는데, 고대 로마 시대의 고문 도구로 노예에게 사용된 일종의 굴레인 'tripaliu'로 벌을 내린다는 의미다. 브라질에서 집(집은 묘하게 곡해되어 노동이 없는 곳이어만 한다. 우리 브라질 사람은 가사노동을 노동으로 생각하지 않고 서비스나 기쁨, 또는 호의로 받아들인다)과 거리를 차별화시키는 노동은 엄청나게 고된 것으로 비친다. 어원으로 볼 때 영어의 '노동'work이 '행하다'agir와 '하다'hacer에 해당되는 것과는 아주 큰 차이가 있다. 우리에게는 칼뱅 개혁파가 아닌 로마가톨릭 전통이 이어지고 있다. 노동을 구원에 이르는 하나의 형벌로 둔갑시킨 칼뱅 개혁파의 전통을 이어받지 않은 우리 브라질 사람들에게 노동은 끔찍한 것이다. 우리 영웅들의 만신전이 신격화된 말란드루, 노동 포기자나 성자(성자들이나 종교 지도자들처럼 현세적 노동을 포기하고 내세를 위해 일할 자), 노동자는 아닐지라도 다른 이들을 노동하게 만드는 법 집행자 사이를 오락가락하는 것도 우연은 아니다. 일단 분명한 것은 우리가 노동자를 찬미하지 않는다는 사실이다. 거리에서, 혹은 노동을 통해서 정직하게 부자가 될 수 있고 존엄성을 얻을 수 있다는 생각 역시 존재하지 않는다. 우리 브라질 사람들에게 있어 집과 거리라는 공간들은, 그리고 노동을 통한 집과 거리 사이의 중재는 무척 복잡하다.

하지만 과거에 노예까지 존재했던 사회에서, 또 체통 있는 이들이 집 바깥으로 나가려 하지도, 육체노동을 하지도 않으려 했던 사회에서 달리 어떻게 할 방법이 있었을까? 당연히 없었을 것이다. 노예노동의 전통이 아주 강했던 우리 사회에서 주인과 피고용자 사이의 관계는 대단히 혼란스러울 수밖에 없었다. 이 관계는 경제적 관계를 넘어, 타인의 노동을 취할 뿐만 아니라 사회적으로 그 대리인이자 주인이 되어야 하는 윤리적 관계이기도 했다. 노예제사회에서 주인은 단순한 노동 착취자가 아니라 노예의 소유자이면서 윤리적 책임까지 떠맡고 있던 존재였다. 이런 관계는 복잡한 것이고, 전문가들에 따르면 생산성이 유지되기 무척 어렵다. 그렇기 때문에 그 관계는 수많은 차원에서 합쳐지고 다른 다양한 사회계층들에까지 영향을 미치면서 경제적인 것에서 윤리적인 차원으로 이동한다. 나는 이런 점이 노동에 대한 우리 관념과 노동관계에 크게 영향을 끼쳤다고 믿는다. 우리 브라질 사람들이 오늘날에도 순수하게 경제적인 관계를, 호의와 친분 같은 사적인 것과 뒤섞는 것이 그 때문이다. 이는 피고용자를 혼동하게 만들었고, 고용주가 상황을 이중으로 통제할 수 있게 만들었다. 고용주는 노동을 지배할 수 있다. 고용주가 바로 일자리를 제공하는 사람이고, 피고용인들의 요구들을 통제할 수 있기 때문이고, 인간관계에서의 윤리를 호소하기 때문이다. 이 윤리는 많은 경우에, 특히 소규모 기업이나 상점에서 주인과 피고용인들 간의 관계를 분명치 못하게 만든다. 이런 문제가 일어나는 가장 분명하고 전형적인 경우로 — 내 관점에서 볼 때 아직 조금밖에 연구되지 않았다 — '가사 노동자'● 경우를 예로 들 수 있다. 그 이유로는 이 직업 종사자들은 주인집에서 기거하면서 원래 집 안에서 허용되지 않는 행위인 '노동'을 수행하기 때문이다. 이런 상황에서, 친근감과 호감으로 맺어진 윤리적 관계와 전적으로 경제적인 것으로 국한되는 수혜 관계가 혼란스러워진다. 항상 경제적인 것이 정치적인 것과 도덕적인 것에 귀속되거나 흡수되는 드라마들을 만들어 내면서, 가사 노동자들은 옛날의 노예와 별다를 바 없는 상황에 또다시 놓이게 된다. 집과 거리가 뒤섞이면 이런 일이 일어날 수밖에 없다.

노동의 개념은 집과 거리 사이의 중재가 아주 복잡한 구조 안에서 혼란스러워진다. 그리고 우리가 보았듯이 집과 거리는 물리적 장소 이상의 것이다. 또한 집과 거리는 행동, 사람, 관계, 윤리성에 대해 판정하고 분류하고 측정하고 평가하고 결정할 수 있는 공간들이기도 하다. 집과 거리는 신들과 영들이 거주하는 '또 다른 세계'의 공간을 통해 서로를 보상하고 보완해 가면서 기본적인 공간들을 형성하며, 우리 브라질 사람들은 이 공간들을 통해 교류한다. 무엇

● 노예 시대의 잔재로 꼽히는 대표적인 일용직으로 그동안 노동법의 사각지대에 있었으나, 2015년 6월 이후부터 '가사 노동자 법'이 비준됨에 따라 일반 노동자로서 모든 권리가 보장되는 전기를 맞았다.

보다도 거리에 부족한 것이 집에는 넘쳐 나기 때문이다. 게다가 집과 거리는 제아무리 큰 혼란과 무질서 아래에서도 절대 뒤바뀔 수 없는 것이다.

03

인종 관계에 대한 환상

18세기에 안또닐●은 주인과 노예로 구분되어 있는 브라질 사회에서 흥미로운 사실을 발견하고 이렇게 썼다. "브라질은 흑인들에게는 지옥이요, 백인들에게는 연옥이요, 물라뚜mulato들에게는 천국이다." 심오한 사안들을 단순하게 말할 때 항상 일어나듯이, 이 문장도 사람들에게 잘못 이해되었다. 대부분은 문자 그대로 그 의미를 해석해 이 문장이 생물학적이고 인종적인 현상만을 언급한다고 보았지만, 사실 이 문장은 기본적으로 사회학적 사실들과 좀 더

● 안또닐(André João Antonil) 신부는 이탈리아 토스카나 출신으로 1667년에 예수회에 투신해 1681년 브라질 바이아로 이주, 그곳에서 생을 마감했다. 18세기 브라질 식민지 사회와 경제구조에 대한 통찰력 있는 저서를 남겼다.

관련이 있다. 만일 브라질에 존재하는 인종 관계에 대해 좀 더 심층적이고 근원적으로 이해하고자 한다면, 위 문장의 모든 윤리적·정치적 함축들을 고려해, 그 안에 감춰져 있는 다양한 의미를 생각해 볼 필요가 있다. 앞으로 살펴보겠지만, 이는 우리를 인종에 대한 생물학적인 지식에 기반을 둔 근시안적인 시각에서 벗어나게 해줄 것이다.

내가 안또닐의 문장이 사회학적으로나 상징적으로 깊은 의미가 있다고 말하고 싶은 이유는, 안또닐의 위 문장이 당시의 인종 이론의 맥락과 모순적이기 때문이다. 실제로 유럽과 미국의 인종 이론들이 흑인 혹은 황인(일반적으로 인디오들을 가리키며, 역시 흑인처럼 열등 인종으로 차별을 받았다)에 대단히 적대적이지는 않았음을 상기해 내는 것은 그리 어려운 일이 아니다. 물론 백인에 비해 명백히 부당하게 열등 인종으로 취급당했을 뿐만 아니라 인종적으로 긍정적인 부분이 거의 없다고 간주되기는 했다. 그러나 당시의 인종 이론에서 가장 큰 문제이자 가장 끔찍한 부분은 '인종' 간 혼혈에 대한 것이었다. 확실한 것은 그 이론들이, 마치 동식물의 종에서 발생했던 것처럼 '인종'들을 진화시키고, 승격시키며, 위계질서화하는 자연의 질서가 명백히 있다고 주장했다는 점이었다. 그런 이론에서 유럽 출신의 백인이야말로 논란의 여지 없이 지구상의 동물과 인간 가운데 가장 상위에 있는 존재로 상정되었다. 그런데 이들이 생각하기에 백인은 황인과 흑인 같은 유색인종과의 혼혈을 통해 오염되고 멸종될 수 있었다. 이런 이론들이 혼종을 끔찍하게 여긴다는 사실은, '유럽이나 미국의 인종차별주의와 브라질 인종차별주의(우리에게 알려져 있고, 감추어져 있으며, 만연해 있는) 사이의 차이를 밝히고 이를 구별할 수 있는 실마리에 대한 지적 호기심을 불러일으켰다.

이 같은 생각들 가운데 가장 유명한 예를 들어 보자. 프랑스 영사로서 리우데자네이루에 거주했으며, 동 뻬드루 2세Dom Pedro II의 친구이자 지적인 대화의 상대였던 고비노 백작•의 이야기다. 그는 인종적 사고와 인간을 차별하는 잘못된 인류학에 근거한 유명한 책에서 지성, 동물적 성향, 도덕적 표명이라는 세 가지 근본적인 기준에 따라 인종을 구분할 수 있다고 분명하게 말했다. 『인종의 도덕적·지적 다양성』(1856년)••이란 의미심장한 제목을 가진 그 책에서 고비노가 '백인종'이 모든 면에서 우월하다는 단순한 주장을 편 것은 아니다. 가령 선입견과 권위주의에 사로잡힌 지성도 많다고 보았다. 그러나 이와 반대로 '동물적 성향'에 관해 비교할 때, 고비노는 백인을 황인의 아래에 두었다. 그러나 불행하게도 오늘날까지도 우리 사회에서 볼 수 있는 것처럼 흑인들은 [가장 낮은 지위에서] 벗어나지 못했다. 그들은 항상, 그리고 모든 면에서 백인과 황인의 아래에 있다.

• 고비노(Arthur de Gobineau) 백작은 프랑스 출신 인류학자이자 외교관으로 중앙아시아, 남미, 러시아 등을 여행하며 학문 연구와 저술 활동을 했다. 대표적인 저서인 『인종 불평등론』에서 육체적·정신적으로 북방 민족 우월설을 주장했는데 이를 독일 나치가 적극적으로 활용한 바 있다.

•• 고비노의 『인종 불평등론』의 첫 번째 영어 번역본(헨리 핫츠Henry Hotze 옮김)이다. 고비노는 역자가 원저를 다소 왜곡했다는 점을 들어 이 번역본을 달가워하지 않았다고 한다.

그런데 비록 고비노가 자신이 우월하다는 권위주의적 사고에 함몰된 사람임을 감안하더라도, 그에게는 지나칠 정도로 과도한 확신을 가지고 있는 지점이 있었다. 그것은 브라질 국민이 2백 년이 채 되기 전에 소멸할 것이라는 예언이었다. 이유가 무엇일까? 단지 건전하지 못한 인종 간 혼혈이 허용되는 브라질 사회를 자신의 눈으로 직접 보았다는 (그러고는 격노해서 프랑스 친구들에게 편지를 썼다) 사실 때문이었다. 그에게 혼종과 교배는 브라질 민족의 최후, 생물학적 과정의 마지막을 예고하는 증거였다. 그의 문제의식은 상이한 인종들의 존재에 있지 않았다. 그 '인종'들이 각자 자신의 거주지에 머무르고, 따라서 서로 뒤섞이지 않는다면 말이다. 잘 알려졌듯이, 고비노는 모든 위계적 사회를 망라해서 인종적 선입견과 관련된 순수 민족의 우월성을 주장한 인종 불평등론의 창시자다. 내가 강조하고 싶은 부분은 고비노는 각자의 생물학적 특징에 따라 인간의 다양성을 지배하는 위계질서에 반대하지는 않았지만, 인종 사이의 친밀한 사회적 접촉에는 단호하게 반대했다는 점이다. 그리고 바로 그 부분이 모든 인종주의자들이(드러내어 표현은 하지 않지만) 혼혈에 대해 갖고 있는 기본적인 시각인 것이다. 인종주의 이론에서 혼혈이란 서로 다른 종에 속하는 사람들 사이의 접촉(친밀한 접촉, 즉 성적인 접촉)을 의미하는 것이다. '물라뚜'mulato라는 말은 잡종의 전형인 노새를 뜻하는 '물라'mula에서 온 것이다. 번식이 불가능한 노새는 이종교배가 가져올 부정적인 결과의 상징이었다.

그러나 고비노만 물라뚜화와 인종 간의 친밀하고 사랑스런 접촉에 대해 거부감을 가진 것은 아니었다. 브라질 인종차별주의 이론가들에게 영향을 끼친 버클●, 쿠티●●, 아가시●●● 같은 주요 이론가들 역시 혼혈에 대한 두려움을 표명했으며, 브라질 국민이라는 존재가 강력하면서 긍정적인 무엇인가를 창조해 낼 역량이 없어 종국에는 온전히 퇴화되어 버릴 혼종의 하나로 여겼다. 이런 맥락에서, 아가시가 브라질 사회에 대해 남긴 글을 인용해 보는 것이 필요할 듯하다. "인종 간 혼혈의 해악들을 의심하고, 박애에 대한 잘못된 이해로 인종을 나누는 장벽을 모두 허물어뜨리려는 이가 있다면 브라질에 가보라. 지구상 어떤 나라보다도 광범위한 인종 간 교착의 결과가 퇴보임을 부정할 수 없을 것이다. 백인, 흑인, 원주민들이 지닌 최고의 자질들은 급속도로 상실되고, 육체적·정신적 에너지가 규정되지 않고, 혼종적이고 결함이 있는 인간형만 남았다." 이 저명한 하버드대학교 고생물학자는 브라질이 맞이할 끔찍한 미래를 전망하면서 고비노와 의견을 같이했다. 확실히 아가시는 물라뚜에게서 긍정적 가치를 찾지 못했다. 게다가 물라뚜와 메스치수를 흑인과 백인, 인디오보다 뛰어난 완벽한 '종합체'로 인정해 긍정적인 평가를 내리거나, 모호성을 장점으로 복원하고 작동시키는, 브라질만이 가진 능력도 발견하지 못했다. 이제 우리는 보다 심도 있

● 헨리 토머스 버클(Henry Thomas Buckle, 1821~1862)은 영국인 사학자다.

●● 루이 쿠티(Louis Couty, 1854~1884)는 프랑스 물리학자이자 생리학자로서 브라질에서 활동했다.

●●● 장 루이 아가시(Jean Louis Rodolphe Agassiz, 1807~1873)는 스위스 태생의 미국인 지질학자이자 고생물학자다.

는 이해를 위해 안또닐이 남긴 문장의 의미를 다시 돌이켜 봐야 하는 시점에 왔다.

먼저 주목할 부분은 안또닐이 생물학적 차원에서 백인, 흑인과 물라뚜를 논한 적이 없었다는 사실이다. 백인을 연옥, 흑인을 지옥, 물라뚜를 천국과 연결시켰으니, 이는 일종의 사회적 연상associação social을 구축했을 뿐이다. 내가 아는 바로는 이것이 바로 브라질 사회를 이해하기 위해 인종 삼각형을 활용한, 중요하면서 유의미한 첫 번째 시도였다고 생각한다. 의미가 깊다고 생각하는 이유는 브라질이 안과 밖, 옳고 그름, 남자와 여자, 기혼과 이혼, 신과 악마, 흑인과 백인이라는 대립적인 논리만으로 작동하는 이원론적인 나라가 아니라는 점을 내가 반복해서 말해 왔기 때문이다. 실제로 우리 브라질 사회에는 배타적인 성격의 이원성을 적용하기 어렵다. 즉 브라질 사회는 안또닐의 경이로운 직관처럼 온갖 일이 다 벌어지는 곳이기 때문에, 우리 브라질 사람들이 잔인하다고 여기는 미국이나 남아프리카공화국에서 일어나는 인종차별 현상처럼 어느 항목을 포함하면 다른 항목이 자동적으로 배제되는 대립 구조를 찾아보기 어렵다. 다시 말해 우리는 흑인과 백인 사이(앵글로색슨과 남아프리카공화국 시스템에서 흑인과 백인은 배타적 용어다)에 무한하고 다양한 중간 범주들을 가지고 있으며, 물라뚜는 그와 같은 범주들 가운데 가장 완벽한 결정체를 표상한다.

인간의 종류를 차별화하는 범주들의 위계적 분류 방식에 완벽하게 대응하도록, 안또닐은 로마가톨릭 우주관에 존재하는 성스럽고 중요한 세 공간인 천국, 지옥, 연옥을 대비시켰다. 여기서 그 상관

관계가 완벽하게 동일하다는 사실을 굳이 언급할 필요는 없을 것이다. 만일 물라뚜가 중간적이고 모호한 존재, 즉 브라질 인종 관계의 산물인 플로르 부인• 같은 유형(이 유형은 브라질의 사회적 이념 속에 실존하는 범주다. 중간적인 존재와 대립되는 것들의 합을 긍정적인 것으로 세움으로써 정당화시킨다)이라면, 물라뚜와 천국을 결합시킨 안또닐은 브라질 사회의 가장 심오한 가치들에 대해 천재적인 감수성을 가지고 있었다고 이해할 수 있다. 양 극단의 가운데에 위치함으로써 적대적인 경향 및 특징을 배격하거나 서로 연결시키는 중간 범주에 대해 우리 브라질 사람들이 긍정적인 가치를 부여함을 안또닐이 알고 있었다는 점은 의심의 여지가 없다. 물라뚜의 긍정적인 면, 전반적인 중간 범주들의 긍정적인 면을 만들어 낸, 아니 인식한 이는 한 예수회 신부였으며, 그는 브라질 사회에서 대단히 긍정적인 가치를 부여받은 범주를 정확하게도 천국 그 자체와 동일시했다.

브라질에서 이런 결합은 다른 나라들에서 (특히 미국이 떠오른다) 일어나는 것과 달리 흑인과 백인(더 정확하게 표현하자면 아마도 흑인 또는 백인)으로 고착화된 인종 분류를 허용하지 않는다. 가령 미국의 법에는 '피 한 방울 법칙'••이 있어, 외형상으로 백인과 구분을 할

• 20세기 최고의 남미 작가 가운데 한 명으로 손꼽히며 브라질의 국민 작가로 추앙받는 조르지 아마두(Jorde Amado)의 대표 장편소설 『도나 플로르와 그녀의 두 남편』(*Dona flor e seus dois maridos*)에 등장하는 여주인공으로, 내면적인 얼굴을 대변하는 바람둥이 첫 남편의 유령과 외면적인 얼굴을 상징하는 두 번째 남편 사이에서 갈등과 애정 행각을 벌인다. 인간의 윤리적 의무와 자연스런 본능 사이에서 방황하다가 결국은 자유로운 감정의 해방을 선택하는 모습을 통해 자유분방하고 인간적인 삶을 추구하는 모습을 전형적으로 드러내 주는 인물이다. 이 책에서 논하는 두 개의 브라질과 연결된다.

수 없을지라도 흑인의 피가 한 방울이라도 섞여 있으면 흑인으로 간주한다. 브라질의 사회학자 오라시 노게이라Oracy Nogueira가 지적했던 바와 같이, 미국은 사람들의 '기원'을 근간으로 하는 인종적 선입견을 지니고 있다. 브라질의 경우처럼 인종 차이의 '표식' 정도로 여기는 것이 아니다. 인종 관계에 대해 브라질 사람들이 지닌 시각은 직설적이면서 형식적인 미국인들보다 아마 훨씬 더 맥락화되어 있고 정교하리라 본다. 그렇기 때문에 오히려 브라질 사람들이 가진 선입견에 대처하는 것이 더 어렵다는 점을 우리 브라질 사람들 스스로가 더 잘 안다. 브라질인의 선입견은 변화무쌍해서 대단히 비가시적이기 때문이다. 플로레스딴 페르난데스Florestan Fernandes● 가 어느 비문에 남긴 글처럼, 실제로 우리 브라질 사람들은 스스로 선입견이 있는 선입견을 발전시켜 왔다.

미국에 인종주의적이고 이원론적인 엄격한 법제(학교, 식당, 호텔, 바 등 도시의 특정 영역에서 흑인으로 여겨지는 사람의 활동을 제약하는 일련의 법이 불과 얼마 전까지 있었다)가 있다는 사실은 누가 내부자이고 누가 외부자인지, 누가 권리를 지니고 누가 지니지 못했는지, 누가 백인이고 누가 흑인인지를 스스럼없이 지시하는 명백한 이원주의의 존재를 폭로하고 있지 않은가! 우리가 알다시피, 미국에서 모든 중

●● 1877년 미국 남부에서 제정되어 1967년까지 무려 90년간 미국 사회에서 공식 통용된 법으로 일명 짐 크로 법(Jim Crow law)으로 불리던 인종 차별법으로, 조상이 흑인이거나 흑인으로 의심되는 사람은 모두 유색인종으로 간주했다.

● 노동당(PT) 소속 하원 의원을 역임한 브라질 사회정치학자. 브라질 민족지학 연구와 원주민 뚜삐남바(Tupinambá) 부족 연구에 지대한 업적을 남겼다.

간 범주들은 (야기될 그 모든 위험성과 불이익을 무릅쓰고) 철저히 배제되어 명백하게 대립적이고 차별적인 두 개의 주요 범주에 흡수되어 있다. 미국에서 물라뚜는 안또닐의 천국에 있지 않고 지옥에 있다. 안또닐의 등식[물라뚜=천국]에서와는 정반대[물라뚜=지옥]다. 미국처럼 평등하고 개신교적인 사회에서 중간자는 사회 현실에서 배제되어야 할 모든 것을 표상한다. 적용될 수 있든 없든, 기록에 남든 안 남든 간에, 그리고 누구냐에 따라 처벌이 달리 적용되는 암묵적인 법들의 오랜 전통을 제거하려는 사회에서 중간자, 즉 물라뚜는 법이 긍정적으로 정립하고자 했던 모든 것을 생생하게 부정했다. 물라뚜는, 이론적으로는 평등하다 해도 차이가 지속되어야만 하는 사회계층들 사이에서 일어날 수 있는 사통私通의 위험과 원죄를 보여주었다. 게다가 물라뚜는 성적으로나 감성적으로 소통해서는 안 되는 계층들 사이의 관계가 존재한다는 객관적인 증거였다. 평등주의적이고 자유주의적인 사회의 법이 '제이칭뉴'나 '대략'이라는 개념을 허용하지 못하는 것처럼, 미국에서는 사회집단 간의 관계에서도 중간을 허용하지 못했다. 물라뚜는 그런 시스템 안에서는 부도덕한 것으로 정의될 가능성 바로 그 자체다. 그런 까닭에 여기 브라질과는 달리 미국에서 부정적인 것은 사물들 사이, 사람들 사이에 있는 그 무엇이다. 미국에서 제거하려고 하는 것은 관계다. 왜냐하면 사회적 이념과 가치에서 강조되는 것은 항상 중심으로서의 개인, 사회의 존재 이유로서의 개인의 역할이기 때문이다. 미국 사회의 사법적 평등과 헌법상의 평등은 영국의 청교도들과 함께 들어와 하나의 강력한 전통을 형성했고, 하나의 민족으로서의 미국 사회의 탄생과 팽창을 특징지은 자유주의 원칙 안에서 굳건해졌다. 개인이 이론적으로 '평등한' 이 체제 속에서 노예제의 경험, 그리고 바로 그 노예제의 특성에 의해 결정된 또 다른 위계질서(가사 노예와 농장 노예, 교육받은 노예와 받지 못한 노예, 주인과 가까이 있는 노예와 멀리 있는 노예가 있어서 그들 사이에 등급gradação이 발생하며, 이 등급이 비공식적으로 작동하면서 모든 것을 주인과 노예로만 나누는 법적 범주들의 경직성을 상쇄시킨다)의 경험은 브라질의 경우보다 확실히 문제가 많았다.

무엇 때문일까?

첫 번째로, 앵글로색슨 사회는 포르투갈이나 브라질보다 훨씬 더 평등주의 사상의 전통이 강했기 때문이다. 시장과 자본주의경제 사상에 근대적 형태를 부여한 나라가 영국이라는 점을 주목해야 한다. 이와 함께, 만인이 법 앞에 평등한 것으로 간주하는 관행이 생겨났다. 청교도나 칼뱅주의 같은 개신교의 급진적인 종파들이 광범위한 발판을 마련한 곳도 영국이다. 이 모든 것이 극단적인 개인주의, 이 문제에 대한 이론가인 정치학자 C. B. 맥퍼슨C. B. Macpherson●의 말에 따르면 '소유적 개인주의'로 귀결되었다. 이런 사회적 이념은 사회적 관계들을 배격하고, 그와 함께 소위 '전통적인 도덕', 즉 '개인'indivíduo보다 모두(혹은 사회)를 우위에 두는 도덕을 지탱했던 우정과 혈연이라는 지상至上 네트워크의 존재를 배격한다. 전통적 도

● 토론토대학교에서 활동한 캐나다 정치학자(1911~1987)로 '소유적 개인주의'의 정치 이론을 다루었다. 오늘날 자본주의와 민주주의에 있어서 그 토대가 되고 있다고 평가받는 소유 중심의 자유주의적 권리 이론을 확립한 사상가로 간주되고 있다.

덕 속에서 '사람'pessoa은 가족에 속하고 대부모와 친구들을 갖기 때문에 중요한 요소다. 인간으로서 그리고 의미 있는 사회적 단위로서 '사람'을 정의하는 데 도움을 주는 것은 관계다. 그러나 종교개혁 및 산업혁명과 함께 출현한 근대의 개인주의적 도덕성에서 가족과 사회는 클럽, 교구, 정당들과 마찬가지로 개인들로 구성되었다. 여기서 개인은 자신의 가족이나 부모, 고해신부, 고용주에 의해 소유되는(혹은 비호되는) 존재가 아니다. 이와 반대로, 개인은 스스로의 주인이며 그렇기 때문에 자유인들의 시장에 자신의 노동력을 개인적으로 내놓을 수 있다. 노동을 제공하는 사람을 노동을 시키는 사람과 '도덕적으로' 단절시킨 그 시장에 말이다.

이 모든 요인들이 노예제와 개인주의 이념(미국의 경우에는 지배적 이념이었다)의 공존을 어렵게 만들었다. 이는 노예제 기반 경제가 지리적으로 미국 남부 주들에 존재했던 이유를 설명해 준다. 사실, 미국에는 남북전쟁(1861년에 시작해 61만7천 명의 사망자를 내고 1865년에 막을 내림)이 발발하기 전까지 정치, 경제 그리고 무엇보다도 이념과 가치에 있어서 두 개의 사회가 존재하는 듯했다. 북부는 평등주의와 개인주의를 표방하며 노예제를 거부했다. 반면 위계적, 귀족적, 관계 지향적이었던 남부는 브라질과 거의 흡사하게 미묘함이 가득한 사회였다. 차이라면 미국에서는 남부가 전쟁에서 패배함에 따라, 북부가 자신의 도덕적·정치적 헤게모니를 전국에 확립시켰다는 점이다. 흑인 자유민의 존재는 모든 사람의 평등을 설파하던 사회에서 극단적인 인종적 편견이 조장되는 모순으로 귀결되었다. 이 편견은 관습과 은폐된 태도(종종 백인 또는 흑인의 은밀한 태도)뿐만 아니라, 자유 노동시장에서 흑인과 백인의 동등한 경제적 경쟁을 명백히 방해하는 일련의 법률에 의해 뒷받침되었다.

이 모든 것이 우리를 '브라질 인종차별주의'와 그 유명한 세 가지 인종 범주를 밝혀 줄 수 있는 흥미로운 상관관계로 인도한다. '평등 지향 사회'가 지향하는 이념은 중간 범주의 존재를 부정하고, 이론적으로는 동등하게 받아들일지라도 실제로는 범주간의 등급과 관계를 영속적으로 분리시키고 있기 때문에 평등을 지향하는 사회들이 오히려 더 분명한 선입견을 만들어 낸다는 사실을 명심해야 한다. 브라질 사회에는 그런 문제가 없었고 오늘날까지도 그와 같은 사고에 대한 사회적인 승인은 미약한 편이다. 실제로 나는, 브라질 사회가 흑인, 원주민, 백인의 지위가 아직도 인종적 서열에 따라 결정되는 대단히 위계적인 체제라는 사실을 깨닫지 못하고 있었다는 사실을 인정한다. 사람들 사이에 평등이 존재하지 않는 사회에서는, 선입견을 감추는 것이야 말로 피부색으로 사람을 차별하는 가장 효과적인 방식이다. 그들이 자신의 사회적 지위를 잘 지키고, 자기 자리가 어딘지를 '잘 알고 있기' 때문이다.

마지막으로, 우리가 모두 머릿속에 담고 있는 '세 가지 인종 범주'는 우리가 형성한 사회에 대한 역사적·사회적 비전을 방해한다. 우리가 브라질이 흑인, 백인, 원주민으로 이루어졌다고 믿을 때, 우리는 이들이 일종의 사회적·생물학적 카니발에서 자연스럽게 만나게 된다는 생각을 큰 비판 없이 받아들인다. 그러나 이는 사실이 아니다. 우리 역사에 대해 혹평을 하자면, 브라질은 포르투갈 백인과 귀족들에 의해 수립된 위계적 사회이고 굳건하게 차별적인 가치관

안에서 형성되었다. 포르투갈 인들은 브라질에 도착하기 오래 전에 이미 유대인, 무어인, 흑인들에 대한 차별적인 법제를 갖고 있었고 다만 브라질에 도착한 연후에, 그 같은 법제가 조금 더 확대되었을 뿐이었다. 인종 간 혼혈은 흑인, 원주민, 물라뚜에 대한 뿌리 깊은 사회적 부정의를 감추기 위한 하나의 방법이었다. 근본적인 사회적·경제적·정치적 문제를 생물학적 문제로 치환시킴으로써 브라질 사회의 가장 기본적인 문제를 제쳐 두게 하기 때문이다. 사실 흔히 말해서 브라질은 세 가지 인종을 기반으로 형성된 나라라고 말하기 쉽다. 그럼으로 해서 우리 사회가 위계질서에 입각한 사회라는 점을 인정하지 않고 인종적 민주주의Democracia racial• 라는 신화로 유도할 수 있기 때문이다. 위계적 사회는 등급을 통해 작동하며, 이를 통해 우월한 백인과 가난하고 열등한 흑인 사이에서 일련의 계층 기준을 승인한다. 이를 통해, 우리는 사람들을 피부색 혹은 재력에 따라 위치 지을 수 있다. 그 사람이 가진 외모, 부모의 후광과 가문의 이름 혹은 은행 계좌에 들어 있는 돈의 크기에 따라서도 가능하다. 이처럼 계층을 구분할 수 있는 기준은 무한하다. 이 무한한 분류 기준은 단지 '저마다 각자의 주제 파악을 잘해야 하는' 믿음을

• 1930년대 브라질의 저명한 사회학자 질베르뚜 프레이리(Gilberto Fryre)가 주장한 이론으로서, 브라질에는 모든 인종과 민족이 차별 없이 조화롭게 살고 있다는 이상론으로 당시 브라질에서 국가 통합 이데올로기로 작동했다. 그러나 과거나 현재 모두 사회·경제·정치적으로 특정 부류가 헤게모니를 쥐고 있는 현실 앞에서 '인종적 민주주의'는 하나의 이상적 지향점으로는 평가받을 수는 있지만, 대부분 현실을 외면하는 허구로 비판받고 있다.

신봉하게 만들면서 오늘날까지 기득권을 고수하는 한 체제를 대변해 줄 뿐이다.

브라질에서도 당연히 인종적 민주주의가 실현될 수 있다. 그렇지만 우리가 알고 있듯이, 인종적 민주주의는 모든 브라질 사람에게 완전한 평등이라는 기본권(법 앞에 평등할 수 있는 권리 말이다!)을 보장할 법적 확실성이 있어야 논할 수 있는 것이다. 이 기본권이 보장되지 않는 한, 우리는 항상 생물학적·인종적 차원에 매몰되어 물라뚜와 메스치수 집단을 사회적 불평등의 전형으로 들먹이게 될 것이다. 우리의 민족 이념에는 세 인종이 브라질을 형성했다는 신화가 존재한다. 그 신화를 부정할 수는 없다. 그러나 이 신화는 '위계적 질서가 존재하고, 수많은 분류 가능성에 따라 자신이 분할되어 있다는 사실을 아직 자각하지 못하고 있는 사회를 감추는 교활한 방식'일 뿐이다. 이처럼, '브라질 인종차별주의'는 역설적이게도 불의를 인내할 수 있는 것으로, 차이를 시대와 사랑의 문제로 바꿔 버린다. 요약하자면, 바로 이것이 세 인종의 우화가 가진 비밀이다.

04

음식과 여자에 관해서

사회는 수많은 거울과 다양한 언어들을 통해 자신을 드러낸다. 브라질 사회에서 여자와 여성의 전통적인 사회적 위치를 확인시켜주는 가장 핵심적인 코드중의 하나가 바로 음식이다. 음식과 여자라는 소재는 정치, 경제, 가족, 역사와 마찬가지로, 브라질 사회의 관심사, 다시 말해서 브라질의 사회적 모순을 이론적으로 드러낸다.

내가 생각하기에 프랑스 인류학자 클로드 레비-스트로스Claude Lévi-Strauss는 두 가지의 과정들 — '날것'과 '익힌 것' — 을 단지 모든 음식이 거치는 두 가지 상태로만 보지 않고, 매우 중요한 사회적 변천에 대해 말할 수 있는 방식으로 보고 관심을 가졌다. 사실, 날것과 익힌 것, 식재료와 음식, 단것과 짠 것은 사물과 사람을 분류

하는 데는 물론이고, 우리 세상에서 중요한 도덕적 행위를 분류하는 데도 도움을 준다. 우리는 여자를 음식에, 단것을 여성에 상징적으로 대입하는 반면, 짠 것과 소화하기 힘든 것은 우리가 힘들고 잔혹한 것으로 '느끼는' 모든 것에 관련 지운다. 삶, 거리, 통상적인 노동 등의 힘든 세계는 근본적으로 남성성을 띤다. 따라서 이런 세계는 부엌, 양념, 그리고 함께 자리를 같이할 수 있는 식탁 및 침대와는 성격을 달리한다. 우리는 좀 더 사유적이고 보편적인 관점 안에서, 익힌 것이 사회적으로 정교한 세계, 즉 모든 인간 사회가 자신의 고유한 문화와 이념으로 간주하는 세계와 관계되는 반면, 날것은 야만성(자연 상태)과 관계된다는 것을 알고 있다. 이제 우리는 날것과 익힌 것이 단순히 자연 상태들을 구분하는 것 이상의 의미를 지닌다는 것을 알기 때문에, 사람들이 왜 '성미 급한 사람이 날것을 먹는다'란 말을 하는지 이해할 수 있다. 우리는 이런 은유(즉 날것과 성급한 것 사이의 상관관계)를 통해 성급함에서 오는 야만성이나 탐욕성, 그리고 삶과 사물들의 날것이라는 미개한 측면 사이의 연관성을 얘기할 수 있다. 격언을 빌어 설명하자면, 침착한 사람은 항상 익힌 음식을 먹는다. 왜냐하면 침착한 사람은 문명의 요소를 지니고 있으며, 문명은 바로 기다릴 줄 아는 것에 의거하기 때문이다.

그런데 날것과 익힌 것 사이의 대비를 통해 발견할 수 있는 또 다른 흥미로운 사실은 음식의 세계가 세상을 지적인 면뿐만 아니라 감성적인 부분까지 통합해서 생각할 수 있게 만들어 준다는 것이다. 다시 말해서 잘 차려진, 흔히 구어체로 '상다리가 휘어지게 차려진' 식사라면, 시각(이는 지성을 가리키는)과 후각 및 미각(코-입-위로 이어지는)이라는 세 가지 감각의 결합을 촉진할 수 있다는(해야만 한다는) 뜻이다. 모든 것이 육신으로, 관능으로, 그리고 브라질 식으로 말하자면, 똥배 또는 위장으로 간다. 이렇게 '배를 채우다' 또는 '위장을 채우다'라는 것은 신체에 포만감을 부여하는 하나의 구체적인 행위인 동시에 상징적인 행위인 것이다. 사람pessoa은 그 두 가지 행위 모두를 통해 완전한 만족감을 얻는 것이다.

그러나 음식은 (그 상징적 가능성들로 해서) 머리와 배, 몸과 정신을 중재하는 중요한 역할을 한다는 점을 기본적으로 계속 강조해야겠다. 일반적으로는 미각 코드(단맛과 쓴맛과 짠맛을 구별하고, 좋아하는 맛과 싫어하는 맛을 구별하며, 찬 것과 뜨거운 것을 구별한다), 후각 코드(여러 가지 식재료 중에서 냄새가 좋고, 건강하고, 훌륭한 것을 구별한다), 시각 코드(어떤 식재료를 눈으로 보고 먹을지 안 먹을지 외관상으로 판단하는 것, 이른바 '배만 채우는 게 능사가 아니다'라는 주의), 그리고 심지어는 소화 코드(브라질에서는 소화가 잘 되는지 안 되는지 여부에 따라 식재료를 구분하기도 한다) 등으로 각각 구분되어 있는 코드들이 음식을 매개로 하나의 문화 코드로 작동한다. 날것과 익힌 것의 관계가 우리를 도와서, 눈과 배(몸의 윗부분과 아랫부분) 사이의 통합과 균형을 가능하게 하고 실현시켜 주는 것이다.

그렇지만 이런 개념에 대한 해석은 문화권에 따라 다양하다. 유럽인들이나 미국인들에게 날것과 익힌 것, 식재료alimento와 음식comida은 과학적 범주들이지만, 그들은 정작 먹는 순간에는 이를 늘 염두에 두지 않는다. 미국이나 영국 같은 나라에서 엄청난 양의 샐러드나 '자연식'이 메인 요리로 소비되는 것을 보면 알 수 있다. 이는 브라질에서는 아주 최근 현상이다.

우리 브라질 사람들은 날것과 익힌 것의 구분을 통해 복잡한 삼라만상을 매우 손쉽게 들여다볼 수 있다. 우리를 대단한 사람으로, 또 진지한 사람으로 생각하게 해주는 브라질 시스템의 영역을 말이다. 이제 우리 자신을 위한 이야기, 미국의 탁월한 인류학자 클리포드 기어츠Clifford Geertz[●]의 체계를 이용하자면, 우리를 찬미하게 만드는 서사를 서술(진행)해 보자. 우리는 우리가 여자나 축구만큼이나 음식에 있어서 역시 탁월한 존재라는 사실을 안다. 이 점에 있어서 우리는 세계 최고라고 확신하며 미소 지을 수 있다. 음식의 세계는 어김없이 우리를 집으로, 친척과 친구들에게로, 같은 지붕과 식탁을 공유하는 동료들에게로 이끌어 준다. 이들은 삶과 친밀함을 속속들이 공유하는 사람들이다. 친밀감으로 쌓여 있는 집과 식탁에서 우리는 늘 필연적으로 누군가로 인정받고 또한 영원한 시민권을 지닌다.

그런 의미에서, 날것은 사랑, 애정, 배려가 우리와 함께하는, 따라서 음식을 선택할 수 있는 집 공간 밖에 있는 모든 것이리라. 다시 말해서, 날것은 집의 통제 밖에 있는 모든 것이다. 심지어 집 세계와 대립되는 모든 것일 수도 있다. 마치 무자비하고 힘든 사회 세

● 미국의 인류학자. 기어츠는 대표적 저서 『문화의 해석』(*The Interpretation of Cultures*)에서 문화를 상징체계로 설명하면서 문화는 우리가 우리 자신에게 들려주는 이야기라고 말한 바 있다.

계, 즉 사람들이 서로 조화를 이루지 못하고, 특히 일터에서 볼 수 있듯이 경쟁 속에서 일종의 전쟁을 치루는 모순된 움직임으로 가득 찬 공간처럼 말이다.

익힌 것은 사회적으로 정의된다. 단순하게 불로 익히는 물리적인 과정을 지칭하는 것이 아니라 무엇보다도 우리 식단 안에 있는 성스런 요리를 가리킨다. 한편, 요리prato는 먹거리comida들의 은유를 통해 브라질 사회를 대변하고 완성시킨다. 사실 익힌 것 범주 안에서는 채소, 콩류, 다양한 육류 등이 모여 하나의 요리가 되고, 요리는 고유한 사회적 기회를 만들어 내기 때문에 아주 중요한 사회적 비중을 차지한다. 브라질에는 일상생활 속에서 결정적인 연결 고리를 이어 주는 식재료나 음식들이 존재한다. 축하해야 할 상황과 궁합이 맞아떨어지는 이 식재료나 음식들은 사회적 관계를 더 맛깔나고 즐겁게 만들어 준다. 결국에는 음식이 사회적 관계들을 이끄는 것인지, 혈연이나 대자 대부 관계, 우정으로 이루어진 관계망이 식탁을 풍요롭게 만드는 것인지 대단히 알기 어렵게 된다.

이 모든 것은 각각 분리되고 개별화된 것들 사이를 구분 짓는 '날것'의 개념에 반하는 '익힌 것'에 대해 우리가 갖고 있는 개념을 보여 준다. 익힌 것은 원래 분리되어 있는, 세계의 사물들 간의 섞임과 관계를 허용하는 그 무엇인가로 파악된다. 나는 이 문제를 뒤에 다루도록 할 것이다. 지금은 같은 기조로 날것과 익힌 것을 나누는 다른 구분에 대한 언급이 더 중요하다.

나는 브라질 사회 시스템에서 아주 중요한, 음식comida과 식료alimento 사이의 구분을 거론하고 싶다. 실제로, 우리 브라질 사람들에게 있어 '뭔가를 먹을 줄 안다는 것'은 단순히 '배를 채우는 것'과 큰 차이가 있다. 우리가 익히 알다시피 미국인들은 '패스트푸드'라고 불리는 것을 발명했고, 그 결과, 그들은 서서 혹은 앉아서, 모르는 사람들과 혹은 친구들과, 혼자 혹은 함께 음식을 먹을 수 있다. 패스트푸드 음식을 통해 사람들은 단것을 짠 음식과 섞어 먹기도 한다.• 음식을 먹는 것에 있어 그들의 기본적인 관심사는, 드물게 예외가 있기는 하지만, 생존을 위해 먹는 것이다. 그들에게 먹는 것은 근원적으로 개인적일 수 있는 행위일 것이다.

우리 브라질 사람들에게 배를 채우는 일이 항상 좋거나 사회적으로 받아들여지는 일이기만 한 것은 아니다. 이와 마찬가지로 모든 식료가 모두 음식으로 대접받는 것은 아니다. 식료가 사람의 생존을 위해 먹을 수 있는 모든 것을 가리킨다면, 음식은 성체배령과 친교에 입각한 성스러운 규칙에 따라 즐거운 마음으로 먹을 수 있는 모든 것이다. 다른 말로 하자면, 식료는 커다란 액자이고 음식은 그림이다. '식료' 가운데에서 가치를 인정받고, 선택된 것이 바로 음식이다. 또 눈으로 보고, 그다음에는 좋은 동반자와 함께 입과 코로 음미하고, 마지막에는 배가 만족해야 할 것이 음식이다.

'식료'는 보편적이고 일반적인 무엇이다. 친구뿐만 아니라 적에게도, 친한 사람이나 그렇지 않은 사람에게도, 집이나 거리에서도, 하늘에서나 땅에서도 모든 인간에게 공유되는 무엇인 것이다. 그러

• 브라질 사람들에게 있어 짠맛이 나는 먹거리는 주식에 해당하고 단맛은 후식으로 구분된다.

나 '음식'은 어떤 영역을 정의하는 무엇, 강조하는 것들이 있는 무엇이다. 이처럼 음식comida은 유명한 옛말인 '진지'de-comer에 상응하는 것으로, 정해진 시간에 음식을 먹는 식사refeição와 같은 의미로 쓰인다고 볼 수 있다. 다른 한편으로, 음식은 관습적이고 건강한 무엇, 또한 집단, 계층, 인물을 정의하는 정체성 수립에 일조하는 무엇인가를 가리킨다.

이 같은 개념을 가지고 있기에 우리 브라질 사람들에게 치즈는 식료이지만, 쥐들에게는 음식이라는 등식이 성립된다는 것을 알 수 있다. 그런고로, 치즈에 대해 이야기할 때는 쥐가 연상된다. 왜냐하면 치즈라는 식료는 쥐가 거부하기 힘든 것이고, 따라서 쥐의 정체성을 표방한다. 같은 논리로, 우유는 어른에게는 식료이고, 갓난아기들에게는 음식이다. 그리고 뼈는 개들에게, 옥수수는 닭들에게, 샌드위치는 미국인들에게 음식이다. 이와 마찬가지로 슈하스코churrasco● 는 어떤 특정한 친밀도와 마음이 내키는 친구들과 함께하는 가우슈[목동]gaúcho들의 음식이다.

그렇다면, 과연 어떤 것이 브라질 사람들의 기본 음식인가? 틀림없이 '페이자웅 꽁 아호스'feijão com arroz●●를 얘기하지 않을 수 없다. 이 음식은 브라질 사람들의 일상 세계를 표현하기 위한 은유로 사용되기까지 한다. 그러나 콩과 쌀 모두 조리된 식료라는 점을 주목할 필요가 있다. 우리는 이 두 가지 음식을 한 접시에 섞어 마치 하

● 육류를 꼬챙이에 꽂아 숯불에 돌리면서 굽는 브라질식 바비큐.

●● 페이자웅은 콩, 아호스는 쌀이다. 콩 요리에 밥을 곁들여 먹는 음식을 말한다.

나의 익힌 것, 하나의 요리마냥 먹는다. 두 가지 요소의 맛을 지녔지만, 분리할 수 없는 하나의 맛을 지닌 요리처럼 받아들여지고 있는 것이다. 검은색 콩은 더 이상 검은색이 아니고, 흰색 밥은 더 이상 흰색이 아니게 된다. 브라질 사회가 아주 높은 긍정적인 가치를 부여하는 빠빠papa나 삐라옹pirão● 은 중간재로서 밥과 콩을 결정적으로 섞어 주는 매개체다. 그래서 검은색과 흰색을 섞고, '침대'(잠자리를 내포하는)와 '식탁'(먹는 것을 내포하는)을 섞는 것도 '페이자웅 꽁 아호스'를 먹는 것과 동일한 논리적·문화적 과정을 거치는 것이다.

우리는 식재료와 음식을 가지고 있다. 음식은 단지 영양분을 섭취하는 데 그치는 것이 아니라 식재료를 취하는 형태이며 스타일이자 방식이다. 먹는 방식은 섭취되는 대상뿐만 아니라 섭취하는 주체 또한 정의한다. 사실상, 포르투갈어에서 동사 '먹다'comer처럼 다양한 의미를 함축하고 있는 풍요로운 낱말은 없다.

'먹다' 또는 '음식'이란 말이 사용되는 표현과, 또한 엄밀한 의미에서 배를 채우는 행위를 나타내는 표현에는 다양한 은유가 존재한다. 가령 우리는 '구두쇠'를 언급할 때 '딱딱한 빵'pão-duro이라 부르고, 돈을 아낀다는 표현을 위해 '잠자는 빵'pão-dormido, 즉 오래되어 딱딱하게 변한 빵을 먹는다고 말한다. 사물, 사건, 사람들을 구분하기 위해서는 '빵은 빵이고, 치즈는 치즈다'pão, pão, queijo, queijo라는

● 생선을 요리한 국물에 만디오카(남미가 원산지인 뿌리과의 식물) 가루를 섞어 만든 음식.

표현을 사용한다. 식물성이자 농경의 산물이고 화덕에서 만드는 빵과, 동물성이고 '천연' 발효 과정을 거쳐 만들어지는 치즈만큼 서로 다른 것은 없을 것이기 때문이다. 누군가 '산토끼 대신 고양이'gato por lebre를 먹는다고 말할 때는 사람, 사물, 사건이 뒤섞여 있는 상황을 가리킨다. 무엇을 간절히 원할 때는 '입안에 침이 고인다'água na boca라고 하며, 범인은 '(남의) 항아리에 입을 대는 순간'com a boca na botija 붙잡힌다는 표현을 사용한다. 무언가에서 승리했을 때 우리는 '손에 칼과 치즈를 들고'com a faca e o queijo na mão라고 말하고, 누군가에게 '말린 고기를 깔고 앉아 있다'está por cima da carne-seca라고 하는 말은 그 사람이 권력과 힘에서 우위에 서있다는 것을 의미한다. 또한 초대받았다고 말할 때는 '먹고 마시러'comes e bebes 간다고 표현한다. 대수롭지 않은 일을 말할 때는 '입을 턴다'boca pra for a고 하며 이에 상응하는 논리로, 이해하기 힘들거나 터무니없는 일을 말할 때는 '입을 오무리고 말하다'falar boca pra dentro라는 표현을 쓴다. 먹는 행위, 음식 그리고 식재료들이 모여 복합적인 코드를 형성하고, 이 코드를 통해 브라질 사회가 가지고 있는 고정관념과 감정을 이해할 수 있다.

이처럼, '질 좋은 음식을 먹는다'comer do bom e do melhor라는 행위는 단순히 끼니를 때우는 것 이상을 의미해 부자의 식단, 윤택하고 즐겁고 기품 있는 삶을 가리킨다. 말하자면, 세금이나 회사 돈으로 자동차를 굴리고 대저택에 사는 정치가나 백만장자의 삶이랄까. 음식은 영양분 섭취라는 보편적인 행위만 가리키는 것이 아니라, 존재하고 행동하고 살아가는 개인과 집단의 정체성, 지방색과 국가적 특징을 정의하고 표시하는 데 유용하다. 집 안에서는 누가 무엇을 좋아하는지 어떤 식으로 먹는 것을 좋아하는지 완벽하게 알고 있다. 아버지, 형제, 아내, 자식에게는 물론이고 피고용인들과 산발적인 방문자들에게 음식을 제공하는 것 역시 가족애적이고 부부애적인 사랑 행위다. 계란, 고기, 쌀, 샐러드, 콩 등을 어떤 방식으로 요리해야 좋아하는지 고려하기 때문이다. 심지어 사람들 각자 요리를 어떤 방식으로 식기에 담는 것을 좋아하는지 파악하는 정교함에 이르기도 한다. 이것은 어머니나 안주인이 크나큰 인내심을 발휘해 꼼꼼하고 열성적으로 진두지휘하는 예술이다. 할머니는 고추를 좋아하시고, 아버지는 잘 익힌 고기 요리를 좋아한다. 삼촌은 반드시 콩 요리 위에 쌀밥을 얹어서 먹어야 하고, 마리아 부인은 샐러드에 토마토를 넣는 걸 싫어한다. 음식이 어떻게 사람을, 그뿐만 아니라 사람들 사이의 관계들을 정의하는지 보여 주는 예들은 얼마든지 더 들 수 있다. 우리 브라질 사람들은 특정 음식들에 대한 그리움을 가진다. 그래서 이렇게 말할 수 있다. '네가 무엇을 먹었는지 말하라. 그러면 네가 누구인지 말해 주리라.'

그러나 음식에도 급이 있다. 우리는 성행위와 음식을 섭취하는 행위 사이를 빗대는 저속한 성적 농담으로 '갖다 바쳐진 여자는 먹을 만한 것이 아니다'라고 하는 표현을 한다. 창녀이든 아니면 자신을 통제하지만 성적 매력과 도발성을 지닌 여자든 간에 거리의 여자는 특정 유형의 음식에 빗대어진다. 반면, 집단(가족)을 위해 가사노동, 부부간 성 파트너 역할, 출산 능력을 제공하는 여자는 미덕의 원천이 되어 브라질 사회에서 목가적이고 성스럽게 규정되었다.

이런 여자는 집에 있는 처녀이고, 아내이고, 어머니로 규정되며 결코 먹을 수 없는 대상이 된다. 음식에 비유되지도 않는다. 성적으로 문란한 남성들의 손쉬운 먹잇감이 아닌 것이다. 어쩌면 먹을 수 있는 것일 수도 있다. 그러자면 일단 먼저 신부와 아내로 변모해야 한다. 결혼식 케이크와 피로연 음식은 곧잘 이 '음식', 즉 신부의 상징으로 비춰진다. 그러나 이것은 정교하게 가다듬어진 상징, 그리고 무엇보다도 사회적으로 자기 집단의 남자들로부터 용인된 상징이다. 그런데 내가 위에서 이미 언급한 바대로 모두의 음식인 거리의 여자는 아주 다른 무엇이다. 거리의 여자는 어머니, 처녀, 훌륭한 부인과는 대조적으로 도덕적 혼란을 야기하면서 남자들에게 문자 그대로 소화불량을 일으킬 수 있는 여자들이다. 브라질의 전통적 도덕관에 따르면 이런 여자들은 멀리해야 하지만, 역설적으로 그녀들이 없다면 세상은 소금 간을 안 한 음식처럼 심심할 것이다. 브라질에서 통용되는 좀 고급스러운 은유법에 따르면, '삶의 여인들은 죽음의 여인들을 위해 존재한다.' 그 여인(죽음의)들은 구하기 쉽지만 소화가 잘 안 될 것 같은, 하지만 숨어서 정신없이 먹을 때 맛있는 음식들과 같은 것이다. 이 음식들은 궁극적으로 단순하게 끼니를 때우는 기능만 갖고 있어 쾌감의 요소를 갖기 어려운 가정식을 (보완해 주기) 위해 존재하는 것이다.

음식이 섹슈얼리티를 연상시킨다는 점에서, 성행위는 먹고, 품고, 껴안고, 취하는 행위, 즉 '먹히는'(혹은 '먹힌') 모든 자를 통째로 감싸는 행위에 비견될 수 있다. 음식은 여자처럼(또는 상황에 따라서는 남자처럼) 먹는 사람(또는 폭식가) 뱃속으로 사라져 버린다. 이는 먹는 자가 먹힌 자를 완전히 포옹해 에워싸는 형상으로 섹스에 대한 은유의 바탕이 된다. 성관계와 먹는 행위가 동일한 의미로 수렴되는 것은 우리 브라질 사람들이 섹슈얼리티를 어떻게 생각하고 보는지 알려 준다. 우리에게 섹슈얼리티는 성性이 다른 동등한 사람들(각자 자기 자신의 주인으로서의 남자와 여자)끼리의 만남이 아니라, 한쪽이 다른 한쪽을 흡수함으로써 이 동등함을 해체하는 방식이다. 브라질 사람들의 관념 속에서 성관계는 두 당사자 사이의 차이와 극단적인 이질성을 배치하고, 이어 '먹는 자'와 '먹히는 자'의 관계로 위계화된다. 그리고 별다른 주의를 기울이지 않고 이 글을 읽는 사람들을 위해, '먹는 자'가 남자(전통적으로 볼 때 가장 이상적일 수 있는 모델)일 수 있지만, 또 여자(만일 그녀가 관계를 원하면서 능동적인 역할을 맡는다면)일 수도 있다는 점을 알려 주지 않을 수 없다. 처녀와 아내들(혹은 사회적으로 이렇게 정의되는 여인들)과의 관계에서 남자들은 '먹는 자'들이지만, 세속의 여자와 생계의 여자 혹은 독립적이고 개인화된 여자들과의 관계에서 남자들은 '먹히는 자'들이다. 이 결과 재생산되는 것은 집과 거리, 이 세상과 다른 세상, 법과 사람, 말란드루와 선량한 시민, 엄정한 질서와 모든 것을 해결해 주는 제이칭뉴 사이의 변증법이다.

아주 일반적이고 문화적으로 가치가 부여된 의미에서 보면, 항상 남자는 먹는 사람이고 여자는 요리하고 음식을 제공하는 사람이다. 그러나 내가 앞서 말했듯이 반대 경우들도 생길 수 있다. '콩죽 요리 냄비에 빠진 시골 쥐' 이야기가 교훈을 주는 것처럼, 남자들이 반대로 냄비에 빠짐으로써 게걸스러움(통제 안 된 욕구)이 '먹는 자'

를 '음식'으로 전환시킬 수 있는 것이다. 그러나 변화가 빠른 오늘날조차, 별다르게 과장할 필요도 없이, 남자들은 길거리, 시장, 직장, 정치, 법과 같은 세계를 관장하는 반면, 여자들은 집, 가족, 식탁과 손님 접대에 관련된 규칙과 습관을 관장하고 있다고 단정할 수 있다. 이는 부엌의 상징주의에서 드러난다. 부엌은 이론적으로 남자들에게 금지된 공간이고, 남자가 들어갈 수 없는 곳이다. 대중가요에서 말하듯이 '여성의 장소'이기 때문이다.

그래서 우리 브라질 사람들의 신화적 만신전에서 여자 요리사들이나 요리의 예술을 이용할 줄 아는 여성들이 사회적으로 중요한 지위를 획득하는 것은 우연이 아니다. 가브리엘라•와 플로르 부인은 아주 드문 비법을 지닌 여자 요리사였다. 까까 디에그스Cacá Diegues••의 영화 속에 등장한 시까 다 실바••• 역시 향신료(이를 무기이자 품위로 이용했다)와 성적 매력을 타고난 재능으로 배합해 지배자이자 백인이자 '먹는 자'를 지배받는 자로 바꾸었다. 『가브리엘라, 정향과 계피』*Gabriela, cravo e canela*••••는 그 책 제목만으로도, 힘 있는 자

• 20세기 남미를 대표하는 대문호이자 브라질의 국민 작가로 불리는 조르지 아마두의 대표작 『가브리엘라, 정향과 계피』에 등장하는 여주인공이다. 기성세력과 개혁 세력이 반목하는 시대상 속에서 자유분방함을 보여 준다.

•• 본명이 까를로스 디에그스(Carlos Diegues)로 1940년 리우데자네이루 출생으로 브라질 '시네마 노부' 창시자 중의 한 명이다.

••• 리스본에서 다이아몬드 광산 개발권을 가진 부유하고 잘생긴 백인 주앙(João)이 도착하자, 노예 시까 다 실바(Xica da Silva)는 그를 유혹해 부자가 될 계획을 세운다. 주앙은 시까의 매력에 넘어가 그녀가 원하는 온갖 사치를 제공한다.

들은 잘 인지하지 못하지만 약자들만이 알고 있는 처세술과 생존 양식을 연상시키기에 충분하다. 이것들은 세상을 역전시키는 비결이다. 머리를 위胃와 섹스(모든 남자가 똑같아지고 쾌락을 느끼는)로 대체시키기 때문이다.

이처럼 브라질 사회에서 여성과 깊게 연관되어 있는 이 두 가지, 즉 섹슈얼리티와 먹는 행위가 서로 동일시된다는 점에 대해 매우 주의 깊게 살펴봐야 한다. 많은 다른 사회들처럼, 우리에게 섹슈얼리티와 먹는 행위(무엇보다도 함께 음식을 같이 먹는 행위)는 아직 전적으로 개인적인 사안이 아니기 때문이다. 그와 반대로, 이 행위들은 아직 근본적으로 집단적인 것(관계와 사회적 재생산에 대한 중요한 행위들)이다. 모든 사람이 동일한 실체substância로 화하는 진정한 성찬식에서처럼 우리는 브라질 사회에서는 맛있게 먹은 음식이나 사랑하는 사람이 '성찬'으로 바뀐다는 것을 안다. 익히 알고 있듯이, 여자들은 섹슈얼리티와 먹는 행위, 이 두 가지 과정에서 기본적인 역할을 수행한다. 무엇보다도 '먹다'라는 고귀한 예술 행위에서 우리는 여생을 같이할 맛을 배운다. 먹는다는 것은 맛을 즐기는 일이고, 또

●●●● 조르지 아마두의 역작으로 1920년대 브라질 북동부 지방의 생활상과 가치관을 엿볼 수 있는 작품이다(『가브리엘라, 정향과 계피』, 안정효 옮김, 서커스, 2007). 요리사로 등장하는 주인공 가브리엘라는 계피색 피부에서 (향신료로 쓰이는) 정향이 풍기는 매력적인 여인으로 마을의 모든 남자들이 갈망하는 대상이 되는 인물로 당시의 가부장적이고 낡은 사회를 변화시키는 중심에 서는 역할을 하게 된다. 계피와 정향은 포르투갈과 브라질에서 중요한 향신료 중 하나로 보통 달콤한 음식을 만들 때 사용된다. 매운 고추가 남성을 상징한다면, 정향과 계피는 여성의 이미지에 결합된다. 이야기 속에서 여자 요리사 가브리엘라는 음식(섹슈얼리티)으로 힘 있는 자들을 굴복시킨다.

한 산다는 의미이기도 하다.

그래서 먹는 것에는 우리만의 특별한 형식이 있다. 커다랗고 풍족하고 즐겁고 조화로운 식탁을 높이 평가하는 것이 브라질의 스타일이다. 식탁은 자유, 존중, 만족을 합해 준다. 그 순간 모든 차이가 합주되고 가장 극단적 대립이 무화된다. 실제로 식탁에서 우리는 공통의 음식을 통해 서로에게 공감한다. 축제 분위기 속에서, 또 일정 부분 성스러운 분위기 속에서 말이다. 이는 개인성보다는 관계를 기리는 일이다. 우리가 음식과 친구를 강하게 연관시키기 때문이다. '썩은 부분을 먹었을 때'comemos da banda podre, 즉 부당한 일을 당했을 때 '입을 모아' 동감해 주고 '국가나 정부를 씹어 주는 것'이 친구의 역할이다. 술자리를, 맛을, 식탁을 같이 즐길 영원한 동료들 말이다.

동료companheiro. 이 말은 우리 이야기를 이어가는 것에 안성맞춤인 단어다. 이 단어는 '빵과 함께'com pão라는 의미의 라틴어에서 온 것이라고들 한다. 다시 말해서, 동료란 빵을 같이 나눠 먹는 사람들이란 얘기다. 그래서 친구와 빵은 연관성이 있다.

마찬가지로 우리 브라질 사람들이 항상 토종 음식을 우대하고 익힌 것을 선호하는 방식을 밝힐 필요가 있다. 익힌 것들 중에서 생선요리와 페이조아다, 파로파●에서 삐라웅과 소스들, 기자두스●●와

● 파로파(farofá)는 마디오카나 옥수수 가루를 볶은 것에 옥수수, 베이컨, 소시지, 달걀, 양파, 바나나 등 다양한 식재료가 더해진 음식.

●● 기자두스(guisados)는 솥에 찐 요리.

메쉬두●, 도브라징냐●●와 빠빠스●●●까지 들여다보면, 우리 브라질 사람은 섞는 것을 허용하지 않는 음식인 아사두●●●●보다 국물과 건더기가 같이 있는 음식을 특히 편애하는 것처럼 보인다. 만디오카로 만든 곡분인 파리냐farinha를 모든 먹거리에 항상 사용하는 이유가 여기에 있다. 사실, 브라질에서 널리 사용하는 파리냐는 모든 종류의 요리와 음식을 결속시키는 시멘트 역할을 수행한다. 영국인들과 프랑스인들이 특정 요리들에 소스를 사용하는 반면, 우리 브라질 사람들은 국물, 소스, 주스가 가미되면서 다양하게 변모하는 요리들을 가지고 있다. 그러나 혼합된 음식은 그 음식의 상황에 대한 완벽한 이미지의 일종이라는 점을 강조하고 싶다. 해당 음식 자체가 창출한 상황, 그 음식의 도움으로 음미할 수 있는 상황 말이다. 이 점이 먹는 행위를 브라질식 몸짓으로 만드는 가장 중요한 요소 중 하나다.

이처럼, 우리 브라질 사람들은 유럽과 미국인들의 주요 음식들을 특징짓는 '고체 유형의 음식'과 '액체 유형의 요리' 사이의 중간 형태를 선호한다. 브라질의 익힌 것은 고체 유형의 음식이자 액체 유형의 음식이다. 메인 요리나 보조 요리로서 유럽인들의 주요 식단

● 메쉬두(mexido)는 콩이나 고기를 만디오까 가루와 섞어 만든 음식.

●● 도브라징냐(dobrazinha)는 소의 창자를 재료로 쓰는 포르투갈 북부 지방에서 유래된 음식.

●●● 빠빠스(papas)는 고기와 감자로 만든 스튜의 일종.

●●●● 아사두(assado)는 아르헨티나식 바비큐.

에 등장하는 고기와 채소의 관계는 브라질 요리에서는 더 밀접하다. 그리고 익힌 것과 페이조아다는 확실하게 완벽한 방식으로 그 관계를 이룩한다. 무께까[●]와 뻬이샤다[●●] 역시 두 가지의 식재료가 완전히 합해지는 음식이다. 이는 당연히 우리 식단의 대부분을 차지하는 이베리아 세계의 유산이다. 그러나 이런 선호가 명백하게 선택의 한 방식이라는 것 역시 당연하다. 우리 브라질 사람들이 (조국이) 세 인종의 나라, 안과 밖으로 모든 모순된 것이 결합된 메스치수와 물라뚜의 나라라는 생각에 사로잡혀 있듯이, 우리 음식도 이와 동일한 논리를 보여 준다. 우리는 관계의 사회를 특히 표방하는 '관계의 식단'을 지니고 있는 셈이다. 즉 개인의 행동, 욕망, 만남의 단순한 결과보다 관계를 더 중시하는 시스템이다. 왜냐하면, 많은 경우들에 있어 '관계들'은 우리 브라질 사람들에게 있어 각종 상황에 자신의 관점을 가져와 그 상황의 주인공을 구성한다. 물론 그 관점은 관계에 처한 각각의 입장들을 종합하는 관점을 말한다. 브라질 음식 세계에서 특별한 대접을 받는 것은 중국이나 일본처럼 분리된 형태의 요리도 아니고, 프랑스나 영국처럼 강렬하고 비연속적인 분리된 요리들의 조합도 아니다. 브라질에서는, 모두에게 각각 메인 요리가 주어지면, 그 요리에 첨가되거나 섞는 데 사용할 수 있는 부가적인 요소들(양념들)의 선택을 통해, 등급이나 위계질서를

● 무께까(Muqueca)는 생선, 오징어, 문어, 홍합, 새우 등 각종 해산물과 야채에 코코넛 유유를 넣어 끓인 브라질식 해물탕.

●● 뻬이샤다(peixada)는 고수향이 나는 생선탕 종류.

세울 수 있는 가능성에 가치를 부여한다. 우리는 우리 부엌, 우리 음식, 우리가 먹는 방식에서 관계적, 중간적 요리 코드에 강박관념을 가지고 있는 것이다. 접속을 특징으로 하는 코드에 말이다.

삶과 사회에서와 마찬가지로, 우리는 도움이 필요한 때에 믿을 수 있는 확실하고 안전한 친구, 결코 배신하지 않고 우리를 실망시키지 않을 친구에 집착한다.

05

카니발, 또는 극장과 쾌락으로서의 세상

모든 사회는 일상과 의례, 일과 축제, 몸과 정신, 인간사와 신의 영역, 일상적인 시간들(큰 문제없이 인생이 흘러가는)과 모든 것이 새로운 프리즘, 위치, 전망, 각도로 조명되고 비추어지는 축제, 의식, 기념일, 기적, 특별한 행사들 사이를 교대로 반복한다.

우리는 늘 그와 같은 순간들 사이에서 살고 있다. 마치 승객처럼, 일상적인 일을 떠나 일상적이지 않은 사건으로 향하고, 이 사건이 다시 일상으로 변모해 성찰의 대상이 되지 않는 매일의 풍경 가운데 일부가 될 수도 있다.

그런데 일상에서 비일상적인 것으로의 여행은 일련의 요소들에 의해 좌우된다. 이 여행은 사회마다 다를 수 있고, 집단적으로 또 개인적으로 이루어질 수도 있다. 머릿속에 보물처럼, 상처처럼 '보관되어' 있어서 망각된 상황들과 '기억'이라고 부르는 상황들이 교대로 반복되면서 우리의 일대기를 구성하는 것이다. 사실 이런 발상은 정확히 말하자면 다음과 같은 진짜 변증법에서 비롯된 것이다. 경이롭고 놀랍고 시적인 동시에 고통스럽고 비극적이고 끔찍한 추억(긍정적이건 부정적이건 우리 존재에 특이한 경험으로 자리하는 것)으로 기억되는 것과, 과거의 어둠 속으로 사라져 복구되지 않는, 즉 체험적 시간으로 기억되지 못하는 것 사이의 변증법 말이다. 기억과 추억으로 남는 시간이 있는가 하면, 살아온 시간이지만 무심하게 흐르고 과거 속으로 사라지는 시간이 있는 것이다.

사회와 집단에도 비슷한 일들이 일어난다. 흔히 '전통'이나 '문화'로 불리는 사회적 기억들은 항상 역사História로 남는다. 그리고 이 사회적 기억들은 일상적이고 관습적인 것들과 위기, 사고, 축제나 기적과 같이 비일상적인 순간들 사이의 교차를 허용하면서 생성된다. 왜냐하면 인간은 기억, 추억, 그리움을 통해 스스로를 구성하는 유일한 동물이고, 적극적인 망각을 통해 스스로를 '해체'하는 존재이기 때문이다.

다른 많은 사회들과 마찬가지로, 브라질에서 일상은 노동, 혹은 강제 및 처벌과 관련된 모든 것, 해야만 하는 모든 것과 등식화된다. 반면 '비일상적인 것'o extra-ordinário은 단어 자체가 가리키는 것처럼 평범하지 않은 것, 바로 그래서 인위적인 장치들과 메커니즘을 통해 발명되고 만들어질 수 있는 모든 것을 떠올린다. 이런 측면들의 각각은 동전의 양면처럼 다른 편을 '망각'시킨다. 그렇지만, 이 두 면은 하나가 되어 동일한 하나의 전체성, 곧 어떤 동일한 사안을 표현하거나 이에 대한 성찰을 구성한다. 다시 말해서, 축제나 일상은 모두 사회가 자신의 '영혼'이나 심장을 드러내며, 스스로를 표현하고 구체적으로 갱신해야만 하는 방식이다. 브라질 사회는 그런 반복적 교대를 충분히 인식하고 있다. 우리 브라질 사람 대부분에게 삶은 일상과 축제, 노동과 여가, 태평과 '골칫거리', 행복한 나날들과 고통스러운 순간들, 삶과 죽음, 힘겨운 날들 및 '현실 세계의 고된 일'과 축제, 휴일, 타인(주인, 정부, 직장 상사, 거래처 사장 등등)을 위한 노동의 부재로 구성되는 '삶의 다른 면' 사이를 오가는 것으로 항상 정의될 정도다. 실제로 축제에서 우리는 먹고, 웃으며, 위계질서나 권력, 돈, 육체적 노력이 없는 신화의 세계 혹은 유토피아를 산다. 축제에서는 모두가 부드러운 대화를 통해 조화를 이룬다. 리듬과 멜로디 속에 사람들을 모아 평등하게 만들어 주는 음악이 브라질 축제의 근본적인 요소다. 그러나 일터에서는 회사, 가족, 아내와 자녀들 그리고 '회사의 명예를 위해' 또는 우리의 희생을 실질적으로 필요로 하는 무엇을 위해 망치질하고 건설하고 반죽하거나 '쉴 틈 없이' 몸을 움직여야 한다. 우리 브라질 사람들에게 축제는 기쁨과 동의어다. 반면 노동은 처벌, 징벌, 고생의 완곡한 표현이다.

노동은 항상 인간에 의한 인간의 통제를 가리킨다. 사회에 의한 삶과 세상의 통제 말이다. 모든 생산적인 일상은, 특히 전적으로 산업화된 개신교 사회에서, 계획성과 합리성을 통해 나타난다. 내적 요소들(일하는 사람들의 감성이 완전히 통제되는)과 외적 요소들(공장이나 발전소와 같이 노동 그 자체를 위한 장소인 일터와 집이 멀리 떨어져 있는 방식으로 시간과 공간이 커다란 필요성에 따라 동등하게 구상되는)의 간섭이 최소화되는 것이다.

심지어 농업 생산의 경우에도 이와 같은 도식이 적용되어 완벽한 통제가 가능한 조업 순서를 창출하려 한다. 놀라운 일이 있어서도, 사고가 있어서도, 일상을 벗어나는 일이 일어나서도 안 된다. 물론 생산성 증가 같은 일은 예외다. 규정을 벗어난 일이 일어나면 사고가 발생했다는 의미가 된다. 이 경우 사고를 판단하고 조사하는 일은 우리 체제의 경제적 성공을 관장하는 안전과 통제의 이념에 입각해 이루어진다. 사실상 이런 배경 안에서 오늘날 공장에서 일어나는 가장 큰 사건은 파업, 즉 생산요소들 가운데 하나인 노동력 때문에 일어난 비일상적인 일이다.

산업사회에서 움직임의 부재는 사회적 불안을 나타내는 징후다. 계획되거나 예견되지 않았던 사고 역시 무엇인가 잘못되어 가고 있다는 신호다. '비일상적'인 것, 사고, 부정적 사태에 대비한 모든 방책들에도 불구하고 우리는 그런 일이 일어나리라는 것을 예견할 수 있다. 그런 상황들을 가리키기 위해 우리가 많이 사용하는 단어 '재난'은 계획된 바가 완벽하고 정확하게 '전복'되었음을 의미한다. 이때 우리가 지각하는 바에 따르면, 우리는 사회에 의해 계획되지도, 예견되지도 않은 '비일상적'인 상황에 놓여 있다. 의식적인 통제에서 벗어났기 때문에 그 사건들은 우리에게 닥친 비극으로, 조직의 수용력과 집단으로서의 생존 가능성을 문제로 만드는 재난으로 대두된다. 허리케인, 폭풍, 홍수, 지진, 역병, 침수와 같은 것은 일상의 범주 밖에 있는 상황들이지만 계획된 상황들은 아니다. 세상이 이런 상태일 때는 사회 통념이 만들어지지 못해 종말이 왔다는 인상을 준다. 심판의 날이 도래했다고 생각할 수 있다는 것이다. 그러나 그런 상황들이 사람들 사이의 만남과 결속을 증진시키기도 한다는 것을 강조할 필요가 있다. 실제로, 자연의 거대한 힘 앞에서 사람들은 자신들의 사회적·정치적·일상적 지위를 떠나 단결한다. 재난 앞에서 형제처럼 되기도 하고, 사회와 비교해서 엄청나게 무심한 자연의 위협 앞에서 고용인과 피고용인, 부자와 가난뱅이, 남자와 여자, 착취하는 자와 착취 받는 자의 관계를 넘어서게 된다.

한편 아무도 원하지 않았고 사회에 의해서 계획된 것도 아니었던 우연적인 '비일상'과 함께, 특정 집단이 계획하고 건설하고 창안하고 기다리는 특별한 순간들이 존재한다. 당연히 양쪽 모두가 사회의 기억을 구축한다. 그러나 사회가 스스로의 사회적 정체성과 전통을 생성·재생성하는 데 이용하는 진정한 틀은 후자다. 일상에서 벗어나긴 했지만 계획된 순간, 발생이 예정된 순간은 그래서 사회가 스스로를 비춰 보는 데 중요한 거울이며, 그 사회에 대해 알고자 하는 사람들에게 눈이 되어 준다.

모든 사회는 각자 다양한 방식으로 축제를 만들어 낸다. 브라질에서, 가장 크면서 제일 중요하고, 자유롭고, 창의적이며, 불경스럽고, 대중적인 축제는 두말할 나위 없이 카니발이다. 다른 한편, 카니발에는 그 어떤 축제일지라도 빠뜨릴 수 없고 그를 전개함에 있어 중요한 모든 요소들이 시스템적으로 배제되어 있다. 그래서 카니발은 그 자체를 정의하기가 어렵다. 나는 다른 모든 특별한 축제들처럼 카니발에도 내포되어 있지만, 그 정의를 내리는 데 있어 배

제되어 있는 모든 질서, 경제, 정치적인 요소에 대해 언급하고자 한다. 사실, 브라질 사람으로서 우리가 아는 바에 따르면 카니발은 결코 진지한 것일 수 없다. 만일 진지하다면 그것은 이미 카니발이 아닌 것이리라.

그러면 카니발을 어떻게 정의할 것인가? 일상의 삶이 작동을 멈춘 순간, 그래서 비일상적이고 만들어진 순간이라고 말해도 과장은 아닐 것이다. 다시 말해서, 다른 모든 축제처럼, 카니발은 어떤 일들은 가능하고 또 어떤 일들은 피해야만 하는 상황을 연출한다. 장례식을 즐거운 마음으로 대할 수 없듯이 카니발을 슬픈 감정으로 치를 수는 없다. 특정한 사회적 상황에서 발생할 수 있는 결정적 느낌이 요구되는 것이다. 비극은 슬픈 사건들로 정의되는데, 그런 사건들 안에서 희극적인 요소들은 억제되거나 못 본 척 간과된다. 그와 반대로, 카니발과 희극은 마치 벌거벗은 임금님의 보이지 않는 옷처럼 슬픔과 비극이 배제되어야 하는 에피소드들이다.

그렇다면 사람들은 카니발에서 '대문자 브라질'을 어떻게 정의하고 보는가? 브라질 카니발을 위한 레시피는 무엇인가?

우리는 카니발이 '자유'로, 또한 비극, 노동, 강제, 원죄, 의무가 부재하는 환상적이고 유토피아적 순간을 살 수 있는 가능성으로 정의된다는 것을 알고 있다. 한마디로 부담과 형벌로서의 삶을 살지 않을 수 있는 순간인 것이다. 결국 카니발은 모든 것을 정반대로 할 수 있는 기회로, 그 안에서 사람들은 과잉의 세상을 살고 경험한다. 쾌락과 풍요(또는 리우데자네이루에서 부르듯이 '호화'), 즐거움과 웃음의 과잉, 그리고 모든 이가 최종적으로는 누리게 되는 관능적 쾌락의 과잉이 존재하는 세상 말이다. 브라질 카니발을 '재난'에 비유하는 것은 이론적으로 모두에게 공평하게 관능적인 쾌락을 보급하겠다는 의미로 사용한 것이다. '재난'이 부자나 가난한 자 구분 없이 사회에 불행을 끼치는 것처럼, 카니발 역시 마찬가지라는 의미다. 다만 그 방향은 반대다. 모모왕Rei Momo●, 디오니소스, 반전과 반反구조와 방탕의 왕Rei da Inversão, da Antiestrutura e do Desregramento은 이제 기이한 가능성, 그래서 카니발적이고 불가능한 가능성을 노동이 계획한 것들, 진지한 것들로 가득한 진짜 세상에 설치한다. 카니발은 모든 과잉을 체계적으로 실천하는 규칙이 존재하는 사회적 우주를 제안하는 것이다!

우리 브라질 사람들에게 그 우주가 실현되면, 카니발이 외부에서 밀려드는 무엇인가로 감지된다는 사실을 발견할 수 있다. 우리를 지배하고, 통제하고, 심지어 강렬히 유혹해서 도저히 저항할 수 없는 파도, 일말의 저항 가능성도 없이 우리에게 정기적으로 밀려드는 무엇으로 말이다. 그 때문에 카니발 앞에서는 모두가 평등하다 — 혹은 평등할 수 있다 — 는 사실 역시 발견한다. 이처럼 카니발은 고유한 반전의 규칙을 통해 일상의 현실에서 이탈한다. 그리하여 카니발은 사람들의 사회적 신분과 무관하게, 혹은 그 신분에도 불구하고, 혹은 그 신분 때문에 모두에게 유효성을 가진 하나의 규

● 그리스 신화에 나오는 밤과 잠의 요정으로, 중세 포르투갈에서는 귀족과 성주를 즐겁게 해주는 캐릭터로 바뀌었다. 브라질에서는 카니발 기간 동안 상징적으로 통치권을 물려받는 상징적 캐릭터이기에 '왕'이라는 호칭을 사용한다.

칙 내지 자연법처럼 출현하는 무언가로서 생명을 얻는다.

그러면 카니발이 '대문자 브라질'로서 할 수 있는 것이 무엇인가? 우리가 집단적으로 카니발이라고 부르는 그것은 얼마나 비일상적인 것이라는 말인가?

나는 카니발이 기본적으로 세상의 반전이라고 생각한다. 그것은 하나의 재난이다. 하지만 긍정적인, 희망적인, 계획적인 전복이다. 그래서 우리의 사회 세계가 원하고 필요로 하는 반전이나 전복으로 받아들여진다. 우리가 알다시피 카니발에서는 밤과 낮이 바뀐다. (직접 보지 않으면) 믿기 어려운 광경이지만 일상의 움직임들을 춤으로 대체하고, 리듬에 맞춰 하나가 되어 행진하는(마치 음악과 노래로 무장한 불멸의 집단처럼 말이다) 조화로운 집단적 움직임으로 바꾸면서 환한 대낮을 밤의 세계로 만들어 버린다. 우리는 카니발을 통해 몸을 노동으로 인해 혹사당하는(노예를 묶어 놓던 로마식 멍에 '트리팔리움'tripalium) 대상에서 아름다움과 쾌락을 표현하는 도구로 바꿔 버린다. 노동을 하면서 우리는 몸을 상하게 하고 굴종시키고 소모시킨다. 카니발에서도 마찬가지이지만 전도된 방식으로 일어난다. 카니발에서 몸은 쾌락으로 소비된다. 그 때문에 카니발에서는 우리를 '내맡긴다' 혹은 '땡처리한다'라는 말을 한다. 몸을 우리에게 최고의 쾌락과 기쁨을 주는 도구로 사용하는 것이다.

같은 맥락에서 카니발은 제복을 판타지 복장으로 바꾸게 해준다. 우리가 알고 있듯이 제복은 (일상 세계에서 모든 정장이 그렇듯이) 질서를 창출한다. 제복uniforme은 '형체를 단일화시키는'uniformiza, 즉 모든 사람을 똑같이 만들어서 동일한 지위나 통치 원칙에 복속시키는 의복이다. 반면 판타지 복장은 역할을 새로 만들고 바꿔 준다. 브라질에서는 가면을 쓰고 말하는 것이 아니라, 판타지 복장을 입고 말한다는 점에 주목하라. 우리가 사용하는 판타지 복장, 즉 '판타지아'fantasia● 라는 용어는 적어도 두 가지 점에서 더 넓은 의미를 가진다. 먼저, 판타지 복장이란 얼굴이나 코를 가리는 것 이상이다. 그다음에 판타지 복장이란 단어 자체가 이중적 의미를 지닌다. 판타지 복장이란 그 복장에 따라 생각할 수 있는 무엇, 일상이 우리를 더 노예화시키고 분노시킬 때 취하게 되는 꿈이다. 그리고 물론 카니발이나 카니발적 상황에서 사용되는 의복이기도 하다. 이처럼, 판타지 복장은 우리가 되고 싶은 모든 것을 되게 해준다. '삶'은 이를 허용하지 않는데 말이다. '판타지 복장을 통해 (제복으로는 결코 불가능하다) 우리는 실제 우리와 되고자 하는 우리 사이에서 일종의 타협안compromisso을 가지게 된다. 제복은 동일하게 만들고, 질서를 부과하고, 위계질서를 자아낸다. 판타지 복장은 자유를 주고, 해체시키고, 길을 열고, 다른 장소와 다른 사회적 공간들로 통하는 통로를 조장한다. 판타지 복장은, 일상 세계에서는 기존의 선입견과 위계질서로 말미암아 진입할 수 없는 사회적 공간에 사람들이 자유롭게 드나들 수 있도록 허용하고 도와준다.

아무도 아닌 사람을 누군가로, 노동시장에서 소외된 사람을 카니발의 마술적 순간을 창조하기 위해 절대적으로 필요한 신화적 인물

● 브라질에서 판타지아는 환상이나 꿈을 가리키면서 축제에서 착용하는 가장(加裝)을 동시에 의미하는 단어다.

로 탈바꿈시키는 것이 판타지 복장이다. 우리는 모두 일상 세계에서는 버는 돈(혹은 벌지 못하는 돈), 사회의 법칙, 시장의 법칙, 집과 가정의 법칙들에 얽매어 살아간다. 반면 카니발과 판타지 복장 속에서, 우리는 변장과 해방의 가능성을 획득한다. 전능한 존재로, 자신이 원하는 어떤 모습으로도 변신할 수 있는 가능성이 있다. 이렇게 구성된 세계, 즉 일상 세계의 규칙이 일시적으로 뒤집어지는 세계를 살 수 있다는 바로 그 점 때문에, 믿기 어려운 해방감을 얻고 만끽할 수 있는 것이다. 근본적으로 권리와 의무가 위에서 아래로, 상사에게서 부하에게로 내려오는 수직적 구조의 일상 사회에서, 해방감은 필수 불가결한 요소다.

실제로, 일상 세계에서의 우리가 '모든 원숭이가 제 나뭇가지에'• 와 '제자리에 사물을, 사물마다 자기 자리에'um lugar pra cada coisa, cada coisa em seu lugar라는 말들과 이에 담긴 사회 논리에 지배되고 있다면, 카니발에서는 모든 것이 자리를 바꾸고, 모모의 왕국을 움직이는 법들에 의해 전도되고 전복될 수 있는 무대와 사회적 분위기가 만들어진다. 카니발을, 카니발이 벌어지는 광경을 괜히 '광란'이라고 부르는 것이 아니다. 광란이라는 말이 등장하는 이유는, 카니발에서는 모든 것이 제자리를 벗어나기(바흐친••에 따르면 '카니발

• 브라질에서 사용하는 격언으로 각자의 자리에서 분수를 지키라는 의미를 가진다. 브라질 사회를 잘 살펴보면 상당히 분업화가 잘 이루어져 있다는 사실을 발견할 수 있다. 반면에 분업화된 일 사이에 유기적인 관계나 재량이 결핍되어 있어 그야말로 개개인들은 커다란 기계가 돌아가는 원리나 이유는 모르고 그저 나사나 톱니바퀴 구실만 할 수 있도록 되어 있는 인상을 받는다.

화'carnavalizado. 그는 유럽 카니발을 통해 표출되는 다중적인 목소리와 텍스트들에 대한 연구에 이 개념을 도입했다) 때문이다. 실제로 브라질의 경우 카니발 기간 동안 우리는 각자 입고 싶은 대로 입고 한낮에 번화가를 돌아다닌다. 고용주나 부모, 귀공자 친구들이 눈살을 찌푸리거나 그들에게 정체를 들킬 걱정을 할 필요가 없다. 정반대로, 그들이 우리를 보고 카니발 복장에 유혹될 위험에 처한다. 우리는 공공장소를 집 삼아 거리에서 먹고 마시고 일상 세계에서 금지되던 일들을 저지른다. 냉정한 일상 세계에서 거리는 위험하고 가혹하고 혼잡스러운 곳이지만 카니발 기간에는 이상하게도 평화롭고 안전해 아스팔트, 즉 거리 한복판에서 하룻밤을 보내기도 한다. 심지어 경찰과 같은 공권력의 보호 아래 길거리에서 성관계를 맺을 수도 있다. 일 년 내내 우리에게 세금을 부과하고 평정심을 요구하는 정부와 경찰이, 카니발 기간 동안에는 우리를 보호하고, 우리의 욕망과 카니발적 인간들, 아니 카니발에 의해 보호되는 인간들을 넓은 마음으로 이해한다. 카니발에서 우리는 항의하고 논쟁을 벌이고 글을 쓰는 대신, 노래를 부르고, 사람들과 어울리며, 리듬에 맞춰 육체를 움직인다. 카니발에서 메시지는 중요성을 상실한다. 카니발에서 가치 있는 것은 노래를 위한 노래, 음악을 위한 음악, 흥겨움을 위한 흥겨움이다. 사람들의 눈을 즐겁게 해주기 위해 밤하늘을 수놓는 불꽃놀이처럼, 카니발 담론도 세계를 보는 자기를 주제화하려

●● 미하일 바흐친(Mikhail Bakhtin, 1895~1975)은 대화 이론과 카니발 이론을 형성한 러시아의 문학 이론가.

는 자기의식(자기 지시적 관점)을 갖는다. 이렇듯 우리 모두는 시인이 된다. 이에 더해, 카니발은 진정성을 요구한다. 본인이 원하지 않으면서 카니발을 즐길 수는 없다. 사실, 졸업식, 취임식, 결혼식 같은 공식적인 행사에는 별다른 느낌 없이, 심지어는 지루하고 성가시게 여기면서도 참석할 수 있다. 그러나 육체와 정신이 혼연일체가 되어야만 하는 카니발 무도회에 가는 경우는 다르다. 그곳에서는 점잔을 떨면 벌을 받는다. 카니발에서 우리 브라질 사람들은 노래를 부르고, 보통은 우리가 노래로 부르는 것을 할 수 있다. 또한 사람들이 서로 눈길을 나누게 해주고, 그러다 불현듯 우리가 '사람'pessoa이라는 개체이자 사회적·정치적으로 차별화된 공동체의 일원임을 깨닫게 된다. 일상의 삶에서 그토록 우려하는 다양성과 (개인성의 세계인) 차이는 카니발에서는 널리 유통되는 화폐다. 카니발에서는 모든 사람이 개인으로, 또 고유한 개체singularidade로 등장해 세상을 자신만의 스타일과 방식으로 해석할 권리를 행사한다. 이와 동일하게, 투옥되고 제재 받을 만한 사회 비판이 공개적으로 이루어진다. 사회 비판 경연•이 하도 치열해서 사람들은 이를 뭔가 괴물처럼 두려워하기도 하지만, 셀 수 없이 많은 대회가 열리는 모든 브라질 카니발들은 이 역시 수용한다. 사실 이 경연은 문호가 활짝 열려 있어서 음악, 판타지 복장, 최고의 표현 능력, 그리고 당연히 블로꾸bloco••

• 카니발에 참가한 팀들끼리 사회 비판의 메시지가 담긴 퍼포먼스로 경쟁을 벌이는 것을 가리킨다.

•• 카니발 삼바 퍼레이드를 구성하는 단위.

들과 삼바 학교들 사이의 경쟁(특히 리우데자네이루의 경우) 등과 같이 모든 것들이 서로 경연을 벌인다. 경연에서는 실제로 세상이 거꾸로 뒤집어진다. 이는 단순히, 삼바 학교에 참여하는 사람들이 주로 리우데자네이루의 언덕바지 달동네, 불완전 취업자들이 모여 사는 지대에 거주하는 가난한 사람들로 구성되어 있기 때문만은 아니다. 그보다는 아마도 우리가 기념비적인 공개경쟁, 공식 심사 위원들뿐만 아니라 일반인들 역시 그 규칙을 알고 점수를 매길 줄 아는 그 환상적인 경연을 목도하기 때문일 것이다. 다른 세상의 것이냐고? 비일상적인 그 무엇이냐고? 당연히 그렇다. 사람들이 스스로의 노력을 통해 사회적 위치를 바꿀 수 있는 게임이나 경연 대회처럼 작동하지 않는 사회에서, 이 모든 것은 평범한 것에서 벗어나는 일이다. 이는 우리 브라질 사람들이 전통적인 질서들에 의해 낙인찍히고 분리되는 민족이라는 것만 보아도 충분하다. 다시 말해, 브라질에서는 가문의 이름, 학력, 피부색, 사는 동네, 대부의 이름, 인간관계, 권력자와의 친분 관계, 이 모든 것이 다른 선택의 여지가 없는 방식으로 사람들에게 사회적 등급을 매긴다. 그래서 우리는 일반적으로 공개 채용과 경쟁을 정상적인 것으로 받아들이지 않는다. 그런 점에서 (카니발에서는) 정직하고 경쟁에 근거한 선출을 해야 한다. 그 선출은 우리가 기피하려 하는 무언가를 내포하고 있다. 그것은 바로 본인 스스로의 의견이나 의지를 피력하는 일이다. 이는 합법적인 (그리고 은폐된) 차별을 공개적으로 드러낸다. 이런 일은 기적이다! 그런데 충만한 카니발 축제에서는 합법적으로 우리의 욕구와 의지들을 드러내면서, 염원과 연대를 위해 마침내 우리 자신을 개방할 수 있다. 이것이 바로 삼바 학교들의 경연이 창출하는 일이다. 우리가 알고 있듯이 이 경연은 몸으로 뛰어야 우승할 수 있다. 이기려는 노력, 열정, 의지에 입각해서 말이다. 카니발 경연에서 야합은 감시의 대상이다. 관람객들은 게임의 규칙을 알고 있으며, 나아가 그와 같은 규칙을 정의감에 입각해 열정적으로 경연을 심사하는 데 적용하는 최고 재판관 역할을 훌륭히 수행한다.

위계적인 사회에서 일어나는 경쟁이기 때문에 카니발은 반전이다. 카니발은 역주행이다. 이동, 특히 실질적인 신분 이동에 공포심을 지닌 사회에서는 말이다. 카니발은 전시 행위다. (모든 상황에 있어서 강자가 약자를 통제하기 위해 늘 사용되는) '자기 자리를 아는 사람'이라는 위선적 겸양의 흔적이 아로새겨진 사회질서에서는 말이다. 카니발은 여성이다. 사업, 공식 종교, 정치처럼 대외적이고 사법적인 모든 것을 통제하는 남성들의 사회와 우주에서는 말이다. 이 모든 것을 통해 볼 때, 카니발은 사회구조상의 지위를 바꾸고 신분을 바꾸는 유토피아적 가능성이다. 환희, 풍요, 자유, 특히 모든 사람의 사회적 평등을 지향함으로써 실제로 세상을 반전시킬 가능성이다. 아쉬운 점은 그 유토피아적 가능성이 현실은 정반대라는 것을 드러낼 뿐이라는 사실이다.

06

질서의 축제들

축제들은 삶이 인간에게 부여하는 이상과 현실 사이의 괴리를 드러낸다. 마찬가지로 축제들은 아주 빠르거나(카니발의 경우처럼 축제에서는 모든 일이 일어날 수 있다) 아주 느리고 무거운(질서와 관련된 혹은 형식을 갖추기 위한 대부분의 의식들), 차별화된 시간성들을 만들어 낸다. 모든 축제는(또는 비일상적인 순간들은) 시간, 공간, 사회적 관계들을 재창조하고 되살려 낸다. 눈에 띄지 않는 것, 경이로워 보이지 않는 것, 성찰이나 연구의 대상이 아니고, 일상적 수준 이상의 경멸의 대상도 아닌 것들이 축제에서는 강조되고 부각되어 평소와는 다른 경지에 이른다. 우리는 축제를 통해 만족스러운 일과 고통스러운 일을 의식하게 된다. 가령 이런 것들이다. 사회계층이 달라서 같이 출연할 수 없다. 조합원이 아니라서 중요한 배역을 연기할 수 없다. 우리가 훌륭한 춤꾼이며 우아하고 날렵하게 왈츠를 춘다는 것은 누군가 축제에서 이야기한 것이다. 저 아가씨가 아름답다는 것은 졸업 무도회에서 드러났다. 우리 친구가 대단한 달변가임은 축제에서 돋보인 대로다. 이처럼 축제에는 재능, 미, 사회계층, 선입견, 즐거움을 발견하게 해주는 셀 수 없을 만큼 많은 상황들이 존재한다. 일일이 헤아려 보기도 불가능할 것이다. 그럼에도 질서의 축제는 무질서나 오르기아orgia● 를 조장하는 축제들, 범죄와 소요의 경계에 있는 축제들과 구별할 수 있고 또 해야만 한다.

내가 주장하는 것은 브라질의 경우 모든 제의가 집과 거리와 다른 세계를 연결시켜 준다는 것이다. 단, 각각의 의식은 특정한 방식으로, 또 상이한 지점으로부터 그 연결을 수행한다. 카니발은 모든 문, 모든 성벽과 담벼락을 열어 집, 거리, 다른 세계를 연결시킨다. 시민 의례와 종교 의례 같은 전형적인 질서의 축제들도 동일한 기능을 수행하지만 지향점은 다르다. 사실, 카니발과 오르기아의 기본 전제는 사람들 사이가 평등한 것이고 여럿이 모이는 것이다. 이런 축제의 목적은 모든 차이를 없애는 것이다. 최소한 바흐친이 위계질서 사회에서 본 징후는 그런 것이었다. 그러나 질서의 축제의 경우, 다시 말해서 일상 세계에서 작동하는 대로의 사회관계를 축하하는 사회적 형식에 해당하는 축제에서는 그 차이들이 그대로 유

● 그리스어 어원으로 종래의 질서와 지위가 파괴된 카오스 상태를 현재에 실현시키는 것으로, 그다음에 새로운 코스모스가 재생된다. 주로 카니발 같은 의례에서 이런 오르기아적 현상이 드러난다.

지된다. 이때 이들 축제가 기리는 대상은, 카니발과는 반대로, 차이와 등급, 권력과 위계질서를 특징으로 하는 사회질서 그 자체다. 세상의 위아래를 바꾸거나 거꾸로 뒤집는 것을 원하는 것이 아니라, 일상 그대로의 세상을 축하하기를 자처하는 것이다. 내가 쓴 다른 책(『카니발, 말란드루, 영웅』*Carnaval, Malandro e Herói*)에서는 카니발을 '반전의 의례'ritos de inversão, 질서의 축제를 '강화의 의례'ritos de reforço라고 불렀다. 내 의도는 이 두 엄숙한 순간의 구조적인 특징들을 부각시키고자 하는 것이었다. 카니발은 경계의 제거와 평등을, 시민축제와 종교 축제들은 경계의 찬양과 유지를 고취한다.

이와 같은 식으로 종교의식들은 교회와 지역 성소에서 출발해, 가장 기본적인 것으로 표현된 가치들에 따라 세상을 질서 지우기를 원한다. 가톨릭교회와 그 독실함이 대변하는 신의 세상은 만물이 완전히 수직으로 질서를 이루는 우주다. 위에서 아래로, 그리고 아래에서 위로 말이다. 하느님, 성모마리아, 성자들, 천사들, 순교자들, 복자들, 성직자들, 신자들이 하나의 사슬을 형성하고 있다. 위계질서가 정립되어 있는 주 제단에서, 불경스러운 것과 신성한 것이 뒤섞인 채 사람들이 흩어져 누워 있는 교회 묘지에 이르기까지. 역설적이게도 질서는 강조되는 동시에 부인되기도 한다. 우리가 알다시피 교회는 하느님의 왕국이 현세에 있는 게 아니라 다른 세계에 있다고 명확하게 선언하기 때문이다. 하느님, 성자들, 성모마리아는 인간의 일에 개입하고 은총을 줄 수 있다. 이 존재들은 교회의 후원을 받지만, 교회는 이들을 소유하지도 통제하지도 못한다. 교회는 이 존재들에 대해 설명해 줄 수는 있지만, 그들의 목소리는 당연히 알아야만 할 것 같은 교회마저 모르는 고유한 코드를 지니고 있다. 교회와 같은 종교적인 공간은 이런 체계 아래에서 부자와 가난뱅이, 권력가와 약자, 정상인과 신체장애자, 남자와 여자, 어른과 아이, 성자와 죄인, 독실한 신자와 뜨내기 신자가 함께 만날 수 있는 영역을 창출한다.

성자들과 신들의 후원 또는 보호는 이같이 위계적으로 질서화되면서도 중립적인 지역들을 만들어 낸다. 이 지역들은 일종의 경건한 카니발 지대 혹은 그 누구의 땅도 아닌 곳이다. 그곳에서는 모든 사람이 모든 사람과 조우할 수 있기 때문이다. 그러나 이런 카니발화(또는 자리바꿈)가 과잉이나 세상을 뒤집을 가능성과 아무런 상관이 없다는 점을 강조할 필요가 있다. 오히려 질서의 의례, 특히 종교의식 속에서의 행동거지는 회개와 엄숙함을 특징으로 하며, 구체적으로는 몸과 말의 조신함으로 나타난다. 이에 따라 교회와 질서의 제의 안에서 몸은 경직된 자세나 의무적 형식의 동작을 두드러지게 취한다. 이런 방식들은 자제를 표시하고 획일성을 조장하며 신자와 종복들이 순종케 하는데, 이 모든 것이 고유한 격식으로 질서화된 시각을 유도하기 때문이다. 이 의례화 형식들은 어떤 대가를 치르더라도 존경심을 확보하고자 한다. 신체의 제약은 어떤 면에서는 영혼의 자유를 의미하기에, 영혼은 육체와 동일한 확신을 지니고 제의에 참여할 수도 있고 그렇지 않을 수도 있다. 따라서 내가 교회 안에서 무릎을 꿇을지라도 내 영혼은 다른 곳에 가있을 수 있는 것이다. 오르기아의 경우처럼 육체와 정신이 연동된 의식에서는 그런 일이 결코 일어날 수 없다. 사실, 나는 친구들과 함께하는 점심 식사라든가 카니발의 무도회에서는 딴 생각을 할 수 없다. 카니발 축제도 내 육체와 정신, 내 의지와 에너지 등 나의 모든 것을 요구한다. 그러나 질서의 축제들은 이와 같은 총체적인 동기를 배제하는 듯하다. 아마 그래서 질서의 행사에는 신체, 언어, 행위를 제약하는 엄격한 규칙들이 존재할 것이다.

프랑스 사회학자 에밀 뒤르켕Emile Durkheim에 따르면 신성함의 권력이란 일상 세계(판에 박힌 틀로, 갈수록 무기력하고 무관심해지는 것), 즉 소위 '세속적'인 것들의 체계를 신과 천상 세계의 것들과 구분해 주는 권력이다. 성과 속의 구분을 위해서는 존중과 신체적·사회적 제약의 표시보다 나은 방법은 없다. 발꿈치 들고 걷기, 목소리 낮추기, 다른 언어(라틴어나 히브리어처럼 소멸되었거나 이국적인 언어) 사용하기, 특별한 구식 의복이나 일상 세계의 옷과는 완전히 다른 옷(남성을 애매한 성으로 혹은 여성을 중성으로 변모시키는 옷) 입기 등이다.

따라서 질서의 의례로 규정된 사회에 대한 독해는 신체 활동이 억제되거나 심지어 중성화된 사회에 대한 독해다. 군사적 절제가 탁월한 예다. 군사 퍼레이드 같은 대규모의 군사 기념식 행사 또한 질서의 의례에 포함되기 때문이다. 국가수반과 국민들에게 예를 표하는 국군 퍼레이드야말로 가장 강력하면서 질서 있고, 그래서 가장 애국적인 '국가 코드'로서 한 사회를 파악하고 소개할 수 있는 전형적인 사회적 의례 행위로 볼 수 있다. 이는 '절제'continência라는 단어가 자제하다, 통제하다, 지배하다 등의 깊은 뜻을 지닌 행위를 의미한다는 사실을 상기하게 한다.

이 모든 것은 시민적이든 종교적이든 간에 모든 질서의 의례들에서 부각된다. 그리고 조국, 신, 정당을 위해 한 몸을 희생한다는 생각이 '의무', '신앙심', '질서'의 개념으로 표출된다. 카니발 의식은 이와는 극명하게 대조적이다. 카니발에서 강조되는 가치들은 육체를 통한 쾌락과 이에 수반되는 무질서이며, 일시적이지만 강렬하게 사회구조를 급진적으로 변화시킨다.

질서의 축제들에서는 항상 질서, 규칙성, 반복, 질서 정연한 행진, 절도 있는 노래, 육체의 통제가 강조된다. 반복되는 이야기이지만, 질서의 세계에서는 약속을 성립케 하는 두 가지 기본적인 요소인 희생과 규율을 중요하게 여긴다. 여기서 세상은, 사회가 중요하다고 판단하는 사회적 지위들을 통해 포괄되고 제시된다. 그 초점은 신神, 조국, 보건, 교육, 훈육과 같은 권위에 맞추어져 있다. 이들은 일상 세계에 이미 존재하는 사회적 차별화를 더 확장시켜 드러낸다. 일상 세계에서 사람들은 위계질서의 사슬을 통해 구분되고, 이 위계질서는 기존 사회질서의 재생산에서 사회적 차별화의 중요성을 지시하고 드러낸다. 이에 따라 누군가가 대통령, 주지사, 상원의원, 하원의원, 장관, 판사 또는 교수라면 질서의 의례에서는 그 신분이 명확하게 드러나야 한다. 동일한 논리에서, 그리고 이 논리를 강화하고 확대시키는 원칙 속에서, 만일 누군가가 그 어떤 권위나 사회적 지위를 지니고 있지 않다면, '서민'이라고 칭하는 반대집단에 속하게 된다. 엄숙하고 형식적인 행사에서 권력자와 서민 사이에는 분명한 구분이 존재한다. 칸막이를 치든, 사이에 빈 공간을 두든, 가마 혹은 다른 구조물을 사용하든 간에 누가 누구인지 당장 알아볼 만한 무엇인가가 동원된다. 질서의 의례는 결코 역할이나 지위의 혼선을 허용하지 않기 때문이다. 그런 구별은 대규모 종교 행렬에서도 벌어진다. 행렬에서 성자(혹은 성녀)의 성상과 그를 가마에 실어 운반하는 사제단, 민간인, 군인들은 주변에서 이를 구경하는 일반 시민들과 굵은 밧줄을 사이에 두고 분리된다. 이처럼 질서 정연한 중심과 아주 무질서한 카니발적인 '나머지'의 존재(군중)를 알기 때문에 브라질 사회가 '혜성형 구조'tipo cometa를 가지고 있다고 예전에 언급한 바 있다. 종교의 행렬은 하늘에서 땅으로 궤적을 그리는 혜성의 모습처럼, 기득권들이 위계질서와 권위를 극화시키는 형식적인 형태로 일반 국민과 연결되는 방식을 보여 준다. 그런 까닭에 종교 행렬에서 서민들은 조금이라도 더 권력자들의 옆이나 성자 가까이 가기 위해 경계선인 밧줄을 넘어가려고 한다. 실제로, 이런 '줄 뛰어넘기' 혹은 '줄 넘어서기'가 상징하는 바는 사회적 위치의 변화다.

무질서의 의례가 일시적인 사회적 해체나 재질서화를 조장한다면, 질서의 의례들은 누가 주연이고 누가 관객인지 명확히 구분 짓는다. 질서의 의례에서는 위치가 바뀔 일말의 가능성도 존재하지 않는다. 물론 의전이 깨지는 경우는 예외다. 의전이라는 말은 예식이 문제없이 진행되도록 모두가 따라야만 하는 엄격한 코드를 의미한다. 다시 말하자면, 의식이 완벽한 질서에 부합하는 순간이 될 수 있도록, 일상 세계가 곧잘 들이미는 불협화음이 발생하지 않도록 하기 위한 코드다. 의식들이 이런 극화 과정들을 통해 실현하려고 하는 것이 바로 질서의 구제다.

그래서 예식과 권력은 연대한다. 의식은 권력에 새 옷을 입혀 엄숙하고 합법적인 외관을 부여한다. 그래서 모든 의식은 늘 행진이나 종교 행렬 혹은 퍼레이드의 기본 형식(참가 집단들이 자신의 화려함과 궁핍함을 모두 드러내는 거리낌 없고 충만한 사회적 자기 과시 형식)을 취한다. 의미심장하게도 브라질에서 '행진'desfile이라는 말은 카니발 축제에, '퍼레이드'parada라는 말은 독립 기념일과 관련된 시민들의 기념식에, '행렬'procissão이라는 말은 종교 축제에 사용된다. 이 모든 것들은 항상 미리 설정된 출발지와 마찬가지로 정해진 도착지를 가진다. 종교 행렬과 군사 퍼레이드에서 출발지는 종교적 혹은 군사적 권위와 권력이 물리적·사회적으로 집중된 교회나 군부대다. 다른 한편, 그 행렬이 지나가는 지역들은 고귀하고 성스러운 공간이 된다. 이 공간은 의례에는 열려 있고, 일상생활의 틀에 박힌 활동들에는 닫혀 있어야만 한다. 리우데자네이루 시의 경우, 군사 퍼레이드는 거의 예외 없이, 브라질 국군의 대부로 불리는 까시아스 백작Duque de Caxias과 브라질 국군 전사자의 유해가 안장된 국립현충원Panteão do Exército Nacional 앞에서 열린다. 브라질 역사에서 그곳만큼 신성시되는 장소는 있을 수 없다. 그 외에도, 군사 퍼레이드는 종교 행렬이 하늘의 위계질서를 극화하듯이 전쟁을 극화한다. 실제로 군인들은 상관들의 엄격한 지휘하에 무기를 들고 군사 퍼레이드에 임한다. 군의 복종, 규율, 질서를 입증하면서 실제 전쟁 상황이 발발하면 그 어떤 대가를 치르더라도 조국을 수호하겠다는 자세를 보여 준다. 비록 각 국가들은 정치적·사회적 다양성에 따라 서로 다른 체제를 가지고 있지만, 대부분이 이런 형식의 퍼레이드를 벌인다. 예를 들어, 미국에서 애국의 날은 의심할 나위 없이 공식 축제의 날이다. 그러나 행진이나 군사 퍼레이드를 통해 이를 기념하는 경우는 드물다. 보통은 가족 단위의 피크닉으로 기념하며, 함께 도시의 공원과 녹지에 가서 깃발을 휘날리고 폭죽을 쏘아 올리거나, 그저 음식을 먹으며 차분히 대화를 나눈다.

브라질에서 군사 퍼레이드는 내가 '삼각 의식'이라고 명명한 것의 중요한 일단이다. 실제로 브라질 사회에서 군사 퍼레이드는 권위를 위해 존재한다. 다시 말해서, 국가와 국민 간의 관계를 축하하는 의례의 기제로서 작동한다. 우리는 또한 교회를 매개로 하느님과 인간 사이의 관계에 초점을 맞추는 종교 행렬도 가지고 있다. 그리고 마지막으로 일반 국민들이 구경꾼이자 동시에 주연배우 역할을 맡는 카니발 행진이 있다. 이 모든 경우들에서 사회는 자신의 사회구조에 근원적이라고 여기는 것(브라질의 경우를 살펴보면 흥미로울 것이다)을 기념하고, 각각의 주요 기관이나 단체들에는 의식을 치를 그 나름의 고유한 형태와 장소가 존재한다. 그래서 우리는 아주 단순화된 도식 안에 있다. 국가는 권력으로 국민을 대한다. 신은 성자들과 함께 성역에서 나와 세속 세계를 찾아 나선다. 그리고 마지막으로 국민은 카니발 행진에서 스스로를 즐겁고, 강하고, 흥겹고, 우아하고, 화려하게 치장해 선보인다. 우리의 가치들을 이보다 잘 살려 주는 형식은 없다.

그러나 질서의 의식들이 모두 사회가 국가와 교회에 의해 재승인되고 포섭되는 장대한 축제들로만 이루어져 있는 것은 아니다. 그런 의식들은 우리 모두에게 훨씬 친밀한 상황에서도 등장한다. 예식의 주인공과 초대받은 이들을 보통 탁자로 분리하는 졸업식이나 공직 취임식, 또 우리가 살아가면서 거치는 출생, 세례, 도유식塗油式•, 결혼식, 장례식이 그렇다. 이런 행사들도 담화의 교환, 특별한 의복의 착용, (졸업식에서 볼 수 있는) 복수 대표자••들의 구성 등에서 엄숙함을 수반해, 기존의 사회질서뿐만 아니라, 몸짓과 행동의 과장된 제약과 같은 동일한 요소들을 갖고 있다. 여기에는 또한 특별한 언어도 존재한다. 이는 모든 성인이 별다른 노력 없이 구사할 수 있는 상투적 수사로, 쉽게 습득되는 것이다. 그리고 전형적인 몸짓이나 필수 불가결한 소품들도 존재한다. 졸업 반지, 결혼반지, 결혼식 케이크 따위 말이다.

일반적으로 모든 축제들은 실제로 일어난 일이라고 추정되는 것을 축하하고 기린다. 성자의 삶은 사람들이 본받아야 할 모범적인 이야기이고, 성자를 위한 종교 행렬은 일종의 기독교적 연극으로 지상에서 천상에 이르는 그의 발자취를 재현한다. 이와 마찬가지로 졸업식과 기념일, 결혼식과 장례식에서도 주인공을 축하하기 위해서나 그 아랫사람들의 교화를 위해서이든, 친척들과 친구들을 위로하기 위해서이든, 늘 어떤 본보기, 어떤 모델을 찾아낸다. 인간은 모든 것에서 의미를 찾는 동물이다. 이는 인간의 운명이다. 이런 의식들은 집단들이 자신들의 삶에 대한 좀 더 깊은 의미를 발견하는 기쁨을 누릴 수 있는 특별한 순간들이다. 그와 같은 의미는, 심지어 장례식의 경우처럼 소멸의 위협에 시달릴 때도, 집단적 삶의 연속

• 병을 낫게 하고 신성한 힘을 불어넣는 다는 의미로써 몸에 성유를 바르는 종교적인 의식.

•• 재학생 대표와 졸업생 대표.

성을 보장해 준다.

국가가 후원하는 독립기념일 축제 역시 실제 일어난 일, 즉 국가의 탄생을 축하한다. 따라서 이는 날짜의 중요성을 정당화시키는 패러다임적 사건인 셈이다. 우리는 여기에서 집단의 달력, 즉 국경일과 관련된 의례와 마주한다. 사건은 일종의 종합을 통해 일련의 통과의례를 통합한다. 독립기념일은 식민 지배의 종말이자 독립을 쟁취한 새로운 국가의 탄생을 의미한다. 그리고 해방의 카니발이자 창건과 개막의 예식이다. 또한 인간들의 권력과 의지에 관련된 세속적 의식이면서, 동시에 일반적으로는 폭력으로 발생하는 불화를 호의적인 결말로 인도해 준 신의 가호에 감사를 드리는 성스러운 제의이기도 하다.

이 모든 것이 질서의 의례에는 중심이 있다는 사실을 환기시켜 준다. 그것이 사건 자체이든 사람이든 사물이든 간에 중심으로서의 기본적 장면, 행동과 주변적 시나리오를 넘어 전체로서의 의례를 구조화해야 하는 장면이 존재하는 것이다. 이는 생일, 졸업식, 장례식에서 분명하게 드러난다. 이런 행사들에는 중심과 절정의 순간이 존재하고, 이런 순간이 없다면 극drama을 전개할 필요조차 없기 때문이다. 생일 파티를 가장 좋은 예로 들 수 있다. 케이크와 케이크가 준비된 테이블은 생일 파티에서 중심에 있기 때문에 이것들은 생일을 맞이한 사람과 아주 깊이 동일시되는 대상으로서 생일 파티의 정점이자 대표적인 상징물이다. 이처럼 생일 케이크, 구체적으로는 케이크에 꽂혀 타들어 가는 촛불은 생일을 맞은 사람이 그의 인생에서 '불태운' 햇수에 해당한다. 그리하여 케이크와 사람은 동일한 사람이 된다. 파티에 모인 모든 이들은 경건한 영성체 의식을 치르며 그 사람을 상징적으로 '먹고', 생일을 맞은 사람과 초대 손님들 사이의 사회적 고리가 이런 의식을 통해 공고해지는 것을 본다.

여기서 흥미로운 것은 생일 파티에서는 모든 사람이 중심을 따라 배치되기 때문에, (세계가 파편화·탈중심화되고, 많은 일이 동시다발적으로 일어나는) 카니발과는 달리 중심적 사건과의 조율, 혼연일체가 일어난다. 다시 말해, 생일 파티에서 모든 사건은 오케스트라적인 방식으로, 중심적인 사건과 조화를 이루며 일어난다. 카니발 축제는 대중들이 모이면 시작되는 축제인 만큼 지각이라는 개념이 없는 반면, 질서의 의례는 늘 시작을 놓칠 위험이 존재한다. 이는 이런 종류의 제의들이 단지 기념을 위한 것이 아니라 합법성을 부여하기 위한 것이라는 사실을 입증한다. 그래서 중심적 사건들에 대한 모두의 참석과 주목이 중요한 것이다.

이 모든 것이 우리에게 형식과 내용, 중심과 주변, 육체적 절제와 과잉 사이를 오가는 움직임, 즉 사회적 리듬에 대해 얘기해 준다. 똑딱거리는 시계추나 심장 박동, 카니발의 베이스 드럼, 혹은 사람들이 살아가면서 경우에 따라 썼다 벗었다 하는 가면들처럼 말이다. 인간은 영원히 의례화된 존재이고, 늘 나그네다.

759

07

사회적 항해 방식 : 말란드라젱과 제이칭뉴

과잉을 허용하고 장려하는 카니발의 무질서와 법에 입각한 규율과 절제를 요구하는 질서 사이에서 우리 브라질 사람들은 어느 편에 속할까? 이론적으로는 모든 사람에게 적용되는 보편법에 대한 우리의 관계 및 우리의 태도는 어떠한가? 비록 공동체의 규범에 반하기는 하지만, 우리의 의지와 욕망을 만족시키는 방법은 언제나 존재한다고 어릴 때부터 집에서 배워 온 우리 브라질 사람들은 일반 규범 앞에서 어떻게 행동하는가?

나는 『카니발, 말란드루, 영웅』에서 브라질 사람의 딜레마가 개인이 주체인 보편법의 법리 체계와 인간관계를 활용해 각자 살아남기 위해 행동해야 하는 상황을 비극적으로 오가야 하는 데 있다는 주장을 펼친 바 있다. 즉 모두에게 공평하게 적용되어야 하는 법과

사람에 따라 유동적으로 작동하는 관계 사이에 갈등이 있다는 것이다. 그 결과 분열되었으면서도 두 개의 기본적인 사회 단위, 즉 '개인'(사회를 근대화시키는 보편법의 주체)과 '사람'(사회 시스템을 전통적인 방향으로 끌고 가는 사회적 관계의 주체) 사이에 균형이 존재하는 사회 시스템이 탄생했다. 브라질 사람들의 마음은 이 두 가지 단위 사이를 오간다. 그리고 그 중간에, 말란드라젱, 제이칭뉴, '당신, 지금 누구랑 얘기하는지 알아?' 등과 같은 유명한 비호감의 표현들이, 브라질 사람들이 이 같은 모순과 역설에 대처하기 위한 방법으로 존재한다. 다시 말해 법, 법이 적용되어야 할 상황, 법의 적용 대상이 되는 사람들 사이에 약간의 일탈이 허용되는 인간적인 중재가 개입된다. 이와 같은 인간적 중재가 개입된다 해도, 변하는 것은 없다. 법의 입장에서 보면 약간의 도덕적 손상을 받게 되지만, 법은 감정이 없고 우리와 같은 자연인이 아니다. 그 중재 덕분에 세상은 평화로워지고 우리의 삶은 다시 정상으로 돌아간다. ……

실제로 우리 브라질 사람들은 '주차 금지', '흡연 금지'라는 표지판 앞에서 혹은 길게 늘어선 줄 앞에서 어떻게 반응하는가? 현실에 맞지 않는 자격 요건에 대해서는 어떻게 대처하는가? 공권력이 제대로 공지하지 않아 납부 기간이 이미 지나가 버린 벌금에 대해서 어떻게 할 것인가? 정부가 의견 수렴도 없이 전격적으로 도입하려는 부당하고 권력 남용적인 세금에 대해서는 또 어떠한가?

좋은 예를 세 가지만 들자면 미국, 프랑스, 영국과 같은 나라들에서 규칙은 준수되며, 준수되지 않는 규칙은 애초부터 만들어지지 않는다. 알다시피 이들 나라에서는 그 나라가 지닌 고유한 양식과 규칙에 반하는, 경우에 따라서는 이를 타락시키기까지 하는 규범을 제정해 관료주의적 부패로 가는 길을 열고 공권력에 불신을 가중시키는 것을 반기지 않는다. 법적 규칙과 일상적 실천 사이에 확고한 일관성이 있어서 영국인, 프랑스인, 미국인들은 정지신호 앞에서 정지한다. 그러나 브라질 사람들은 앞서 지적한 이유들로 짐작할 수 있다시피, 아무도 없는데 정지신호 앞에 가만히 서있는 상황을 논리적으로나 사회적으로나 어리석은 것으로 생각한다. 그래서 우리 브라질 사람들은 그런 나라들에 존재하는 소위 규율에 항상 당혹스러워 하면서도 또한 감탄한다. 보편법의 준수와 관련된 우리의 인식이 문명과 규율, 교육과 질서 등의 용어로 번역된다는 것도 신기한 일이다. 사실 이는 헌법상의 세계와 사회적 실천이 합치한 결과의 소산일 뿐인데 말이다. 이런 합치가 우리 브라질 사람들이 그토록 예찬하는 보편법에 대한 준수를 이끌어 내고, 우리에게 아주 부족하다고 느끼는 신뢰를 그런 사회들에 낳는다. 왜냐하면 그런 사회들에서 법은 시민을 조사하거나 옥죄기 위해 만들어진 것이 아니고, 사회를 교정하거나 재창조하기 위한 도구도 아니기 때문이다. 그 나라들에서 법은 사회를 올바로 작동하게 만드는 도구이고, 그것만으로 충분하다! 이 같은 신뢰의 결과 가운데 하나는 높은 사회계층에 속한 사람들이 저지른 범죄나 잘못에도 (아무런 법적인 근거 없이) 면책을 해준다거나 사적인 법 적용으로 무마하지 않고 보편적인 법규범을 공평하게 적용하는 것이다. 브라질에서는 다음과 같은 일이 일상적으로 일어난다. 대졸자가 살인을 저지르면 독실에 별도로 수감될 수 있는 권리를 갖지만, 대졸자가 아닌 사람은 그런

혜택을 받을 권리가 없다. 특권의 파괴는 옳고 그름에 근거한 신속하고 효과적인 정의 구현을 가능하게 한다. 브라질의 법 집행에 대체로 동반되는 적당주의, 온정주의, 계층에 따른 차별을 허용하지 않는 정의 말이다. 브라질에서는 같은 범죄라도 위중할 수도 있고 아닐 수도 있다. 사회를 지배하는 위계질서에 따라 범죄의 처벌 수위가 정해지는 것이다. 나는 바로 이런 점이 보편법에 인간관계가 간섭하는 일을 허용함으로써, 우리가 그토록 소리 높여 주장하는 법의 보편적 적용을 왜곡시킨다고 보고 있다.

이 모든 것을 통해 볼 때, 브라질에서 법은 항상 공식적인 '안 돼!'não pode를 의미하고, 모든 즐거움을 망치며, 모든 기획과 구상을 능히 해체시킬 능력을 가지고 있다. 사실, 브라질의 법체계가 '안 돼'에 입각한 규제라는 점, '아니오'라는 부정어가 시민을 국가에 복속시키는 지속적인 형식으로 사용된다는 점은 우려스럽다. 바로 이 때문에 우리는 단호하면서 권위적인 '안 돼!'라는 말들 사이를 헤치고 나가는 방법인 제이뚜의 스타일을 사회적 항해의 스타일로 발견해 발전시켰다. 이처럼 '돼'와 '안 돼' 사이에서, 우리는 기가 막힐 정도로 비논리적이지만 브라질만의 독특한 방식으로 양자의 접합 지점을 선택한다. 바로 이 접합 지점이 모든 형태의 제이칭뉴를 만들어 내고, 우리가 사회 현실과는 거의 무관한 법적 시스템을 작동시킬 방법을 찾도록 돕는다.

제이뚜는 실행 방식이자 스타일이다. 그렇다면 이는 과연 어떤 방식인가? 당연히 제이뚜는 중요한 어떤 것을 가리킨다. 무엇보다도 이는 인간적인 것과 비인간적인 것을 관계 맺게 해주는 인정 깊고 간절하면서 인간적인 방식이다. 즉 인간적 문제(지각, 금전 문제, 공표가 제대로 되지 않아 생긴 법에 대한 무지, 법적 혼동, 법조문의 애매모호함, 법이 악용될 여지, 특정 상황을 위해 만들었지만 보편적으로 적용되는 법 자체의 부당함 등)를 비인간적 문제와 연결시키는 방식이란 얘기다. 일반적으로 제이뚜는 법과 법을 이용하는 사람들 간의 궤변적 합일을 야기하면서 그런 문제들을 해결하는 평화적인 방식, 심지어는 합법적인 방식이다. 그 과정은 단순하고 감동스럽기까지 하다. 이 드라마는 모두가 알 만한 세 개의 막으로 구성된다.

1막: 외모와 자신을 남에게 소개하는 방식이 서툴러 무시당하고 누구의 눈에도 띄지 않는 한 사람이 있다. 그는 관공서를 찾아 권위의식이 철저한 공무원에게 다가간다. 공무원은 그가 누구인지도 모르고 관심도 없다. 관공서에 일을 보러 온 힘없는 민초와 공권력의 힘을 업고 서있는 공무원 간의 차이는 사회적 지위의 위계질서에서 강력한 영향력을 발휘하는 요소이기도 하다. 어쨌든 우리의 보잘것없는 시민은 자기가 필요한 요구 사항을 해당 공무원에게 얘기하고 처리를 부탁한다.

2막: 공무원은 고자세로 민원을 접수한다. 안 된다고 말하고, 민원인의 착각과 그에 따른 법적 처벌의 가능성을 지적하면서 일을 더 꼬이게 만들기까지 한다. 그래서 막다른 골목에 이른다. 법을 대표하는 공무원의 판단은 이미 내려졌고, 그에게는 민원인을 친절하게 대할 하등의 이유가 없다. 사실 법이, 그리고 자신이 그 법을 대표한다는 사실이 그 공무원으로 하여금 인간적인 도리를 완전히 외면하게 만든다. 사실 인간적인 도리는 시민 개개인이 모든 상황에서 보장되고 존중받을 권리를 지닌다는 시민 의식의 긍정적인 부분인데도 말이다. 이런 상황에서, 민원인의 존재는 아무것도 아니다. 그저 하나의 숫자, 복잡한 문제, 성가신 일, 민원을 요청할 수 있는 권리를 가진 일개인indiviíduo에 불과하다. 이 민원인에게서 우리는 '누구'가 아닌 '아무나'를 본다. 분명히 그는 비인격적이고 일반적인 상황에 처한 인간이자 사람을 대변한다.

3막: 공무원은 안 된다고 선을 그었고 민원인은 문제 해결을 원하는 막다른 상황에서 사회적 항해의 지도를 폭로하고 보여 주는 해결책이 등장한다. 평등한 국가에서라면 대체로 되거나 안 되거나 둘 중 하나다. 그러나 브라질에서 '돼'와 '안 돼' 사이에서 작동하는 제이칭뉴의 전형은 다음과 같다. 제이칭뉴는 민원인과 공무원 그리고 보편법 사이에서 모두가 받아들일 만한 관계를 창출하면서 모든 이해를 조정한다. 일반적으로 제이칭뉴는 쌍방이 서로의 원하는 바를 잘 알고 있을 때, 혹은 공통의 유대를 즉각 발견할 때 나타난다. 그 유대는 하찮은 것(같은 축구팀의 팬이라든가)일 수도, 특별한 것(친구가 같다거나 학교 동창, 혹은 고향이 같을 때)일 수도 있다. 인간관계, 지역, 취향, 종교, 상황과 무관한 외적 요인들을 들먹이면 만족스럽거나 혹은 최소한 덜 부당한 해결책을 찾을 수 있다는 것은 사실이다. 이것이 바로 제이칭뉴의 전형적인 구도이며, 여기에는 전문가들이 존재한다.

제이칭뉴 전문가들이 고수하는 첫 번째 원칙은 공무원들에게 똑같이 고압적인 어조를 사용하지 않는 것이다. 그런 일이 일어날 수도 있지만 그렇게 되면 오히려 해당 공무원의 심기만 건드린다. 사실, 공무원에게 고압적으로 따지고 들면(아니 더 정확히는 반박하면) 제이칭뉴는 브라질에서 압력을 행사할 때 전형적으로 쓰이는 '당신, 지금 누구랑 얘기하는지 알아?'라는 말로 알려진 힘의 행사로 변한다. 이는 제이칭뉴와는 상반되는, 거의 대칭적이고 정반대인 방식으로, 창구 뒤에 있는 법 집행자와 우호적인 동등함이나 지속적인 관계를 모색하는 언사가 아니다. 오히려 그 말을 하는 사람과 듣는 사람의 확고한 위계질서를 드러내는 언사인 것이다. 그와 같은 방식은 '안 돼'라는 공무원의 고압적인 태도 앞에서 '당신, 지금 누구랑 얘기하는지 알아? 나 장관 아들이야'를 발동시키는, 말하자면 '안 돼에 대해 안 돼'로 대응하는 것이다. 이를 통해서는, 드라마에 등장하는 등장인물들이 서로 가지고 있는 패에 의해 문제가 해결되는 권위주의적 교착 상태가 만들어진다.

어쨌든 간에, 문제 상황에 제이칭뉴가 투입되면 해결의 실마리가 제공된다. 그러면 법과 사례의 연결이 양쪽 모두에게 만족스러운 결과를 가져다준다. 그래서 제이칭뉴와 '당신, 지금 누구랑 얘기하는지 알아?'는 동일한 상황을 해결하기 위한 양 극단의 행위다. 전자는 분쟁을 조화롭게 해결하는 방식이고, 후자는 문제를 비우호적이고 단도직입적으로 푸는 방식이다. 제이뚜는 외견상 상반된 이해관계를 조화시키려는 의도가 강하다. 마치 남녀가 로맨틱한 만남을 원할 때 그 만남이 어떤 형태의 만남이 되어야 할지 논의하는 형국이다. 반면, '당신, 지금 누구랑 얘기하는지 알아?'는 다른 스타일이다. 이 말을 통해 권위의 존재가 재확인된다. 그 권위 체계는 사다리꼴로 되어 있지만 상층부에 따로 정해진 종착역은 존재하지 않는다. 늘 또 다른 권위, 더 높은 권위가 존재하고, 사람들은 이에 수긍할 수밖에 없는 것이다.

브라질의 사회적 항해 형식의 또 다른 명칭인 말란드라젱은 제이뚜와 정확하게 동일한 역할을 한다. 그래서 말란드루는 제이칭뉴의 프로 버전이자 극한 상황에서의 살아남는 생존술이라고 볼 수 있다. 말란드라젱에서도 역시 개인적인 재간과 이를 야기하는 법 사이의 복잡하고 창의적인 관계가 존재한다. 말란드라젱에서는 '편법', '이력 과시', '신용 사기'contos-do-vigário● 등 결국 특정 상황들에서 이익을 편취하는 개인적 수단들을 동원한다. 마치 당첨된 로또 복권 팔아먹기 이야기●●에서처럼 법률이나 규정을 적절히 활용한다. 이 이야기 안에서 말란드루는 본인을 당첨된 로또 복권(실제로는 가짜 복권)을 형편상 어쩔 수 없이 원래 당첨금의 4분의 1 가격

● 포르투갈과 브라질에서 교묘한 속임수, 사기를 일컫는 'contos-do-vigário'를 원어 그대로 풀어 쓰면 '교구신부 이야기'다. 이 비유적 표현의 기원이 되는 이야기는 여러 가지가 있는데 그중 유명한 것은 다음과 같다. 두 교구신부 사이에서 성경 해석을 두고 논쟁이 벌어진다. 신부 중 하나가 당나귀를 풀어 놓고 신성의 힘으로 당나귀를 자신에게 오게 만드는 쪽이 이기는 것으로 하자고 제안한다. 시합을 벌이자 당나귀는 정말로 둘 중 한 명을 향하고, 그가 논쟁에서 이긴다. 그런데 나중에 당나귀가 사실 그 신부의 것이었음이 밝혀진다. 이 이야기를 유래로 어떤 '사기 행각'이 일어났을 때 '교구신부 이야기'라고 빗대어 얘기한다.

●● 브라질에서 일어나는 가장 고전적인 피싱 사기극의 하나다. 어수룩한 촌사람의 복장으로 나타나 주로 노인이나 외국인들에게 접근해 자기가 산 복권이 당첨되었지만 신분증 등 서류 및 법률 문제로 본인이 직접 상금을 타지 못하는 상황이라며 당첨된 복권을 좋은 가격에 양도하겠다는 사기다. 역자도 유학 시절 초기에 실제로 길거리에서 만난 경험이 있을 정도로 흔했던 사기 행각이다.

으로 넘길 수 밖에 없는 피해자로 생각하게끔 함정을 판다. 그리고 진짜 피해자는 그 가짜 당첨된 복권을 구입하게 되는 사람이 된다. 말란드루는 이런 사기극을 성사시키기 위해 가짜 복권을 만들거나 이전에 실제로 당첨되었던 복권을 위조하는 수법과 더불어, 사정이 있는 친척 대신에 당첨 복권을 헐값에 처분하러 왔다는 핑계 거리를 만들어 낸다. '교구신부 이야기'로 대표되는 사기극의 전형적인 구조 안에는 복권과 행운이 지닌 비인격성과 다양한 층위에서 일어나는 인간관계의 인격성 사이에 존재하는 모순이 드러난다. 이 사기극에는 필히 비인격적 요소(복권, 행운)에 인격적인 요소(인간적인 호소)를 결합시키는 특별한 양식이 작동된다.

한편으로, 말란드루와 사회적으로 대립적인 개념인 '데스파샨치' despachante●가 존재한다. 앞서 내가 제이칭뉴를 상세하게 묘사할 때 언급한 고객을 대신해서 복잡한 행정 업무 처리를 대행하기 위해 공공 기관 부서와 접촉하는 전문가다. 사회학적 존재로서의 데스파샨치는 브라질에서 법과 일상적 사회 현실 사이의 엄청난 괴리를 우리가 다시 깨달을 때 비로소 그 존재감을 드러낸다. 데스파샨치는 차라리 대부처럼 보인다. 마치 대부처럼 법과 사람 사이의 중재자다. 고용주가 자기 직원들에게 일과 좋은 근무 환경을 제공해야 하는 것처럼, 데스파샨치는 자신의 고객들을 안내해 공공 기관

● 서류 대행업체. 우리나라는 국민들이 공문서 발급이나 제출 처리를 손수 처리하는 경우가 많지만 관료주의 폐해가 심한 브라질에서는 제이칭뉴와 같은 개인적이면서 비공식적인 해결 방법 외에 소정의 수수료를 지급하는 대행업체를 통해 처리하는 경우가 대부분이다.

부서들의 좁고 위험한 굽이굽이 길들 중에서 옳은 길로 들어서게끔 해야 한다. 다만 데스파샨치는 하층민들에게만 대부로 기능한다. 하층민들에게만이라고 말하는 이유는 브라질 중상류층은 자신을 보통의 일반인으로 만드는 모든 것, 다시 말해 별도의 존중이나 배려 없이 관공서의 담당자들에게 퇴짜 맞을 수도 있고, 경우에 따라 불쾌해질 수 있는 만남을 가져야 하는 모든 상황을 정말로 혐오하기 때문이다. 그래서 중상류층처럼 즉각적으로 제이칭뉴를 제공해 줄 만한 친구나 인간관계가 없는 하층민의 경우, 그 일을 대신 처리해 줄 데스파샨치를 이용하게 된다.

브라질 사람치고 말란드라젱을 모르는 사람은 없다. 말란드라젱은 단순히 법과 부정직함 사이에 위치한 구체적인 행동 유형만을 가리키지 않는다. 이는 또한, 그리고 특히, 부조리한 명령을 사회적으로 수행이 가능하게 만드는 브라질만의 전형적인 방식, 특정 상황에서는 수행하기 불가능한 명령들을 화해시키는 형식이나 스타일, 그리고 법과 일반적인 규범들을 조롱하는 모호한 방식이기도 하다.

말란드루처럼 행동해야 할 필요성은 모든 장소에 있다. 그러나 확실하게 특권을 부여받는 장소가 존재한다. 말란드루가 보헤미안이 되고 좋은 삶의 특별한 주체가 되는 지대인 쾌락과 관능의 영역을 들고 싶다. 최소한의 일과 노력으로 최대한의 쾌락과 안녕을 얻으려는 존재인 말란드루는 내 연구들을 통해 이미 강조했다시피 브라질의 국민적 인물형이다. 말란드루는 우리가 어떤 제이뚜로써 법을 도외시하거나 심지어는 조롱할 수 있다고 생각하는 순간에 우리가 취할 수 있는 사회적 배역인 것이다. 물론 브라질에서 우리는 질서와 법 세계의 전형적인 인물인 권위적인 사람이 될 수 있다. 또 우리가 종교적인 사람이라 이에 어울리는 존재 방식을 얻고자 한다면, 속세를 등질 수도 있다. 그러나 법을 고치거나 전면적으로 배격하지 않고 단지 접어 두거나 무시할 때 우리는 또한 말란드루와 제이뚜가 넘치는 사람, 능란하고 처세술 좋은 정치가가 될 수 있다.

내가 말하고자 하는 바는 말란드루는 항상 길 가운데에 자리하고 있으면서, 비인격적이고 어찌할 수 없는 법을 거의 항상 인간다운 방식으로 우정 및 인간관계에 결합시킨다. 각자의 걸음걸이에서 드러나듯, 인간은 저마다 하나의 사례이고, 각 사례는 저마다 특별한 방식으로 다루어져야만 한다.

그러나 단순하게 이 정도로 그치지 않는다. 우리에게는 말란드라젱의 위대한 원형原型, 그 누구보다도 말란드루의 역할과 유형을 잘 보여 준 인물들이 있다. 평범한 인간에게는 불가능한 일련의 변화를 능히 일구어 낸 페드루 말라자르치스Pedro Malasartes● 같은 인물을 들 수 있다. 그는 자신의 것을 빼앗은 농장주를 단죄하면서 경제적·정치적 착취를 극복했다. 변함없는 빈곤한 삶을 집도 절도 없는

● 이베리아 반도의 민담에 등장하는 인물로 매력적인 악당의 대명사이다. 말라자르치스(Malasartes)는 문자 그대로 '나쁜 예술', '장난'을 의미한다. 이 악당은 불량하지만 현명하고 겸손해, 탐욕을 부리거나 자만하지 않는다. 부당한 이익을 취하기 위해서가 아니라 단지 생존하거나 가진 자를 골탕 먹이기 위해 사기 행각을 벌이기에 말라자르치스는 민중의 사랑을 받는 '반영웅'이다. 한국에서도 잘 알려진 이야기로는 '돌멩이 수프'가 있다. 배고픈 소년에게 음식을 대접하지 않으려는 인색한 집주인에게, 말라자르치스는 돌멩이 하나로 맛있는 수프를 만드는 법을 가르쳐 주겠다고 꾀어 배를 채운다.

행복한 여행자의 삶으로 변모시켜, 항상 모든 것을 전망하고 새로운 경험을 얻을 수 있었다. 말라자르치스는 또한 부자들을 갈취하고, 보잘것없는 것을 보물인 양 팔고, 정직하지 않은 사람들 사이에 정직함을 확산시키는 등 믿기 어려운 업적도 능히 이루었다. 그가 행한 모험들은 삶이 항상 좋은 일과 나쁜 일, 인간적인 측면과 비인간적인 것을 동시에 품고 있다는 사실을 알려 준다. 이처럼 말라자르치스는 다른 모든 말란드루처럼, 인간적으로 존귀한 삶을 선택할 수 있으려면 두 가지 면을 인식해야 한다고 이야기해 주는 듯하다.

살펴본 대로 말란드라젱은 단순히 우리 모든 브라질 사람들의 어이없는 특성이 아니다. 냉소주의의 표출도, 또 천박함이나 부정직함에 대한 선호도 아니다. 말란드라젱은 더 중요한 함의를 가지고 있다. 사실 말란드라젱은 대단히 독창적이고 브라질적인 삶의 방식(제이뚜 혹은 스타일)이며, 가끔은 생존 방식이다. 경우에 따라서 집과 거리가 완전히 단절되어 있고, 법과 공적인 삶이 우리의 명예, 존중, 그리고 무엇보다도 우리가 친구들과 부모와 대부모들에게 바쳐야 할 충직함을 지배하는 미풍양속과 아무런 관련이 없는 시스템 속에서는 그렇다. 그토록 깊이 분열된 세계에서 말란드라젱과 제이칭뉴는 모든 것이 조화롭고 실체적인 전체로 수렴되리라는 희망을 불러일으킨다. 이것이 바로 핵심이고 몸짓이다. 바로 이것이 말란드라젱과 제이칭뉴가 브라질에서 사회적 가치로서 존재하는 이유다.

브라질 사회생활에서 나타나는 우연이나 단순한 삶의 양상이기 이전에 말라드라젱은 가능한 존재 방식의 하나다. 자신만의 규칙과 공간과 역설을 지닌 굉장히 진지한 무엇인 것이다.

포르투갈의 국왕에게 브라질 발견했다는 놀라운 소식을 전한 뻬로 바스 지 까밍냐Pero Vaz de Caminha의 역사적 서한에서 이미 브라질 사람들의 존재 방식의 기원을 찾아볼 수 있다. 까밍냐는 왕에게 보내는 그 서한의 끝자락에 마치 말란드루처럼 다음과 같은 내용을 첨부하는 만용을 부렸다. "국왕이시여, 신이 이 땅에서 본 것에 대해 보고를 드리겠나이다. 그리고 송구하지만 윤허해 주신다면 한 말씀 올리도록 드리겠습니다. 이 역시 폐하를 섬기는 신에게 내려진 사명 중의 하나이옵나이다. 폐하께 한 가지 간청을 드리는 바이옵니다. 제 사위인 조르지 오조리오에게 상또메 섬• 경영권을 윤허해 주소서. 신은 폐하의 은총에 감읍할 나름입니다."

그리고 까밍냐는 오늘날 말란드라젱에서 볼 수 있는 방식으로 서한의 끝을 맺었다. "폐하의 손등에 충성의 키스를 바치옵니다. 폐하의 섬 베라꾸르스Vera Cruz의 뽀르뚜쎄구르Porto Seguro에서 1500년 5월 첫째 날에. 뻬로 바스 지 까밍냐."

무슨 말을 더할 필요가 있으랴?

• 아프리카 대륙 서해안에 위치한 섬나라로서 포르투갈 식민지 역사를 가지고 있다.

08

신을 향한 여정

우리 브라질 사람들은 특정한 공간에 우리 사회와 관련된 특별한 의미를 부여한다. 집은 거주하고, 먹고, 잠자고, 생활하는 곳이다. 거리는 일터이자 생존을 위한 투쟁의 현장이다. 친척, 친구, 직장 동료들과 함께 살아가는 각각의 공간 못지않게 우리 삶과 관계가 깊은 중요한 공간을 하나 더 추가해야만 한다. 나는 '저세상'의 공간에 대해 언급하고자 한다. 교회, 예배당, 수도원, 떼헤이루terreiro[•] 깐돔블레 예배당, 심령술 센터, 유대교 회당, 사원, 묘지, 그 밖에 우리가 살아가는 이 세상과 언젠가 가서 살아야 하는 '저세상' 사이

● 마꿍바(macumba), 깐동블레(candomblé)와 같은 브라질 아프리카 종교 행사가 열리는 장소.

에서 경계의 표지가 되는 공간 말이다. 그 세상에는 죽은 자, 유령, 영혼, 성자, 천사, 오리샤, 신들, 하느님, 성모마리아, 예수그리스도가 거주한다. 모두가 가는 곳이지만 돌아온 사람은 아무도 없다. 적어도 쉽게 돌아오는 사람은 없다.

집과 거리에서 우리가 돈, 수치, 숫자, 월급, 계산, 세속적인 것들과 관련된 언어를 사용한다면, 종교의 세계에서는 하느님, 성자, 성모마리아와 예수, 기타 그곳에 거주하는 모든 존재와 대화하는 데 더 많은 흥미를 가진다. 여기에서는 관계를 맺는 방식이 다르다. 논하는 대신에 기도하고, 명령하는 대신에 간청한다. 평상시처럼 말하는 대신에 메시지의 형식과 내용을 결합시키면서 탄원한다. 저세상 및 저세상 거주자들과의 의사소통 방식은 정형화되고 탄원하는 어조를 띤다. 순결한 신실함, 정직한 탄원, 고귀한 겸허, 또 당연한 절제의 약속이 두드러지는 기도, 묵상, 설교가 성대한 의식 및 명예와 어우러진다.

하느님의 세계와 대화하는 데는 고독한 형식과 집단적 형식이 존재한다. 집단적 형식에서 가장 일반적인 것은 모든 염원을 하나로 묶는 찬송가다. 찬송가는 이를 부르는 목소리들의 조화를 통해 하늘로 '올라가야' 한다. 사실, 우리가 종교적 공간을 이해하는 방식에서는 하늘과 땅, 그리고 높은 곳과 낮은 곳을 연결하는 계서적 수직선이 지배적이고 중요한 무엇인가다. 우리가 잘 알고 있듯이, '높은 곳'은 모든 것이 우월하고, 모든 것이 더 고귀하고 강력해야 하며, 모든 것이 더 큰 권력을 지닌다. 이 위 공간에 우리를 보호해 주고 운명을 이끌어 줄 수 있는 천사, 성자 그리고 모든 영적 존재들이 기거한다. '낮은 곳'은 우리가 사는 땅을 가리키며, 우리가 아픔을 겪고 일하고 결국에는 죽는 눈물의 계곡이다. 기도, 종교적 축제, 성가 합창은 '여기와 지금'을 '저기와 영원'으로 연결시켜 주면서 우리를 높은 곳으로 이끌어 주는 매개체다.

이 세상과 저세상을 상하 지배 구조로 받아들이는 논리 안에서는 특정한 전례 기도들(혹은 초월적인 것과의 특정 소통 방식들)이 다른 형식들보다 더 강력하거나 약하다고 말하는 것이 가능할 것이다. 다수의 의미를 포괄하는 형식들이 단 한 가지 의미만 포괄하는 양식들보다 더 강력하고, 성자들과 신들과 신령스러운 존재들에 저항하기 어렵게 할 것이다. 개개인의 믿음, 소망, 사랑 역시 탄원 기도나 비전례 기도•를 받아들이게 하는 데 중요한 요소이기는 하지만, 개인적 형식들은 일반적으로 집단적 형식보다는 약하다. 그와 같은 식으로 서약, 제물, 희생물 등과 같이 어떤 물질적 형식이 수반되는 탄원 기도는 단순히 말로 하는 청원 기도보다 당연히 더 강력하다. 탄원 기도는 더 집약적이고 극적인 헌신을 내포하고, 가끔은 가정 경제나 제공자의 입장에서 볼 때, 상당한 금전적 비용을 요하기 때문이다. 이에 더해 서약은 발생한 문제를 해결하는 의미에서 양자에게 긍정적인 어떤 행위를 강제하는 약속이다. 만일 내가 은총을 기원하고, 곧이어 내가 섬기는 성자(혹은 성녀)에게 어떤 귀중한 것

• 가톨릭에서 하느님과 대화하는 방식을 구도와 염도로 나누고, 소리 내어 기도하는 방식의 구도를 다시 전례 기도와 비전례 기도로 나눈다. 교회의 공식적인 기도가 아닌 비전례 기도는 공동으로 또는 개인적으로 바칠 수 있다.

을 제공하면서 나를 희생한다면, 그(혹은 그녀)도 이에 자상하게 응해 내 문제를 해결해 줘야 하는 것이 사회적 논리다.

이 모든 것은 청원이 일정한 형식을 갖추고 엄숙하고 경의를 표하는 방식으로 이루어질 때 성자가 인간들의 노력에 더 응하고, 이를 더 명확하게 인식한다는 것을 나타낸다. 이처럼 높은 곳과 소통하려는 가시적인 신호가 있을 때, 기도와 청원들이 더 높이 '오른다.' 향을 피우거나 촛불을 켜는 등 낮은 곳과 높은 곳의 결합을 결정화結晶化시키는 무엇인가가 필요한 것이다.

그런데 왜 신과 소통하려는가? 이에 대한 답은 각양각색이다. 하지만 기본적인 사회학적 요소는 전체로서의 우주와 일체감을 부여하는 종교라는 거대한 거울을 만들 필요성이 존재한다는 점이다. 이처럼 종교란 신들과의 관계뿐만이 아니라 모든 인간들, 그리고 우리 세상을 구성하는 모든 살아 있는 존재들과의 포괄적인 관계를 허용하는 방식이다. 또한 우리는 종교를, 사고나 질병처럼 불행한 일들을 설명하는 수단으로 인식한다. 종교는 어째서 우리 주변 사람이 병에 걸리는지, 어째서 치명적인 사고를 당하거나 속수무책으로 절망적인 고통에 시달리는지 설명해 줄 수 있기 때문이다. 그런 의미에서 종교는 세계의 무관심, 세상사의 무관심에서 우리를 건져내어 삶에, 나아가 삶의 제반사에 질서를 부여한다. 그리고 이는 모든 것에 정확한 의미를 부여할 필요성을 느끼는 우리의 의식과 관련이 있다.

사회가 조직, 존재 양태 혹은 행동 양식을 합법화하거나 정당화하는 데 필요한 방식을 생각할 때 역시 종교를 언급하게 된다. 그리하여 종교는 우리가 사회의 필연적 일부인 양 인식하고 있는 권력의 차이에 완벽한 의미를 부여하면서 왜 부자와 가난한 자, 강자와 약자, 병자와 건강한 자들이 존재하는지 설명할 수 있다. 비록 창조주의 눈에는 우리 모두가 특별하고 사랑스러운 존재이지만, 하늘에도 차이가 있듯이 땅에도 차이가 존재하는 것이다. 그런 의미에서, 또는 그 모든 의미에서 볼 때, 종교는 설명하는 역할을 한다. 이 세상에 고통, 질병, 재앙, 불의, 고민이 있는 한 종교는 철학이나 과학보다 더 만족스러운 설명을 제공한다. 더군다나 종교는 고통을 받고 고민이 있는 사람에게 커다란 위안을 줄 수 있다. 그래서 어떤 면에서 종교는 과학이나 기술로 엄밀하게 설명될 수 없는 질문들에 대해 해답을 줄 수 있다.

그 외에도 종교는 우리 모두의 삶에서 중요한 순간들을 표시하고 고정시키는 일을 도와준다. (삶의 위기나 사회적 존재로서의 통과의례를 극적으로 표시하는) 출생, 세례, 성찬 전례, 영성체, 결혼식, 장례식은 종교와 함께한다. 종교는 신의 보증서, 혹은 초자연적 보증서가 보장하는 천국행 티켓과 인간들이 만든 관례뿐만 아니라 성경 자체에 기록된 약조들을 합법화시켜 주는 것이다.

종교의 세계에 대한 출입을 표시하는 그 형태들은 일반적으로 극적인 모습을 띠어, 신과 인간 사이를 중재하는 특별하고 정성 어린 의식들을 요구한다. 이는 세례 의식을 생각하면 알 수 있다. 세례를 통해 아이들은 가톨릭교회에 편입되고, 이와 동시에 대부모代父母처럼 사회성을 강화시켜 주는 '양부모'를 얻으면서 사회에 편입된다. '양부모'가 요구되는 것이다. 이처럼 사람은 생물학적 부모를 통해 태어났지만 사회적 삶의 핵심에 편입될 수 있도록 대부모(사회적 부모)가 필요하다. 그리고 이 과정이 가톨릭 세계에서는 교회를 통해, 세례식이라는 의례를 통해 실현되는 것이다. 똑같은 일이 결혼식에서도 일어난다. 결혼식에도 중재자로서의 대부모가 존재해서, 예식을 공적이고 명백히 사회적인 것으로 특징지어 보여 준다.

이 모든 측면이 넓은 의미로 우리가 종교라고 부르는 것을 형성한다. 모두 알다시피 '종교'religião라는 단어는 라틴어에서 유래했고, 원래 뜻은 '매듭', '동맹', '협정', '계약', 그리고 신과 인간 사이는 물론 인간들 사이의 고리들을 인도해야만 하는 관계 등의 개념을 가지고 있다. 그러나 종교는 이런 측면들 외에도 시간, 영원, 상실, 소멸처럼 인간 존재에게 끊임없이 제기되는 아주 복잡한 사안들에 관한 이해를 제공해 주면서 세상을 질서 있게 만드는 하나의 방식이다. 이런 관점에서 볼 때 인간은 자신의 죽음에 대해 자의식을 가진 유일한 존재다. 그래서 시간을 길들이고 영원을 추구할 심대하고 확고한 필요가 있다.

그렇다면 브라질에서는 어떻게 신에게 도달하는가?

다른 곳들에서와 마찬가지로 우리는 비교적 최근까지(정확히 말하자면 1890년까지) 공식 종교였던 지배적인 종교가 있다. 로마가톨릭이라 칭하는 종교다. 로마가톨릭은 브라질의 본질적인 가치들뿐만 아니라 브라질 사회 자체를 형성했다. 로마가톨릭과 관계가 있지만 숭배 방식, 신학, 성직자 유형, 전반적인 태도에서 차이가 나는 다른 형태의 종교들도 물론 존재한다. 브라질 사람들이 가진 종교적 경험의 다양성은 이처럼 광범위하지만 동시에 제한적이다. 광범위하다고 말할 수 있는 이유는 로마가톨릭과 여러 종류의 개신교에 동서양의 다양한 종교들이 더해지고, 게다가 수많은 가치와 개념들이 합쳐진 브라질 특유의 숭배 의식들이 존재하기 때문이다. 한편으로는, 두말할 것도 없이 노예들의 아프리카 종교를 들 수 있다. 이 아프리카 종교는 특유의 떼헤이루•, 북, 방언, 오리샤, 희생 제의를 통해 만물을 감각의 세계에 위치시킨다. 다른 한편에는, 죽은 자에 대한 숭배가 지배적이고 찬송이나 북 없이 행하는 예식 형태를 지닌 카르데시트••들의 강신술이 있다. 아프로-브라질 종교와 카르데시트들의 강신술에서는 죽은 자들과의 관계와 이들에 대한 숭배, 그리고 신들(오리샤)과의 접신이 일상적이다. 또 웅반다와 카르데시즘 사이에도 공통적으로 육화와 인도에서 유래된 업karma에 대한 믿음이 존재한다. 하지만 웅반다에서는 죽은 자들로부터 유체이탈한 영혼들보다 신들과의 접촉이 더 지배적이기 때문에 이 모든 형태들 사이에는 차이도 존재한다. 다른 한편으로, 강신술은 코드화되어 있는 반면, 웅반다는 그렇지 않고 다양한 변이형에 열려 있는 신학을 지니고 있다.

그러나 이 모든 차이에도 불구하고 다양성은 제한적이다. 이토록 다양한 종교들이 모두 인간과 신, 인간과 심령, 인간과 조상들의 관

• 아프로-브라질 종교의식이 열리는 장소를 가리킨다.

•• 카르데시즘(kardecism)은 19세기에 알란 카르텍(Allan Kardec)이라는 영적 지도자가 프랑스에서 세운 종교다. 동양적 신비주의가 혼합된 유심론적 혼합 종교로서 철학, 과학, 종교가 혼재되어 있고 자선 행위를 가장 중시하며 업(Karma)을 강조하기에 육화 및 영혼과 교통할 수 있는 능력에 그 토대를 두고 있다.

계와 소통 가능성에 주안점을 두고 공존하기 때문이다. 다시 말해서, 브라질에 존재하는 모든 종교는 이 세상과 저세상 사이의 지대하고 밀접한 관계를 강조한다. 그리하여 죽음과 시간을 길들이기가 이 모든 다양한 종교, 혹은 신에게 다가가기 위한 방식에서 근본적인 요소다.

한편, 이런 의사소통이 실현되는 형태는 항상 개인적인 고리를 통해서다. 우리 브라질 사람들은 우리의 보호자이자 후원자이며 수호자인 특정 성자들과 친밀한 관계를 유지한다. 또한 우리의 보호자인 특정 오리샤나 저세상의 심령들을 인도자로 삼고 있다. 그 표면적인 관계는 다를지라도 구조적인 논리는 동일하다. 모든 경우에 관계가 존재하고 그 관계는 개인적이다. 즉 이 세상과 저세상의 대표자들이 가진 호감과 충성심에 기반을 둔 관계다. 우리는 성자들에게 헌신적인 신도들이며 마찬가지로 오리샤 성인들의 말馬이다. 우리는 영적인 보호 또는 후원과 관련된 직접적인 언어 — 기도, 서약, 제물, 탄원, 의무 — 를 통해 그들과 아주 잘 소통한다. 방식의 표면적인 차이에도 불구하고, 저세상과 소통하는 언어나 코드를 구축하고 있는 것이다. 이런 소통은 분명 공통적인 것이며 브라질적인 것이다.

일상생활에서 우리에게 부모, 대부모, 주인이 존재하듯이, 우리를 보호해 주는 초자연적인 존재들도 있다. 이 존재들은 표면적으로는 서로 다른 두 종교적 전통의 산물일 수 있다. 하지만 이는 실제로는 중요한 문제가 아니다. 미국인 칼뱅교도, 영국인 청교도, 또는 프랑스 가톨릭교도에게는 이런 양상이 미신, 심지어 무지의 소치로 보이겠지만, 우리 브라질 사람들에게는 보호 받을 가능성을 확장하는 방식이다. 또한 내 생각에는 삶의 의미와 영원성에 대해 우리 모두가 지닌 그 지대하고 감동적인 신앙을 강조하는 방식이다. 이처럼, 이런 종교적 경험들은 모두 서로에게 보완적이지 결코 상호 배타적이지 않다. 그들 중 하나가 도가 넘치면 다른 하나가 거부한다. 하나가 허락하면 다른 하나가 금지한다. 하나가 지적인 것을 추구하면 다른 하나는 감각적인 헌신 코드에 따라 움직인다. 브라질 사람들은 이런 이원성 가운데에서조차 중간 지점을 추구하고 이 세상과 저세상 사이를 잇는 관계를 모색한다.

따라서 브라질의 독특한 점은 각각의 종교 형식이 다른 형식을 보완함으로써 서로 충분히 상보적인 관계를 유지한다는 데 있다. 이처럼 로마가톨릭은 외적이고 형식적인 방식으로 결혼식, 세례의식, 출생, 사망과 같은 삶의 중요한 순간들을 합법화하며, 이 세상과 그곳에서 이루어지는 인간의 경험에 의미를 부여한다. 합법화하며, 이 세상과 그곳에서 이루어지는 인간의 경험에 의미를 부여한다. 이처럼 교회는 우리와 신의 관계에서, 교회는 이처럼 비인격적인 형식을 취하며 종교의 기본적인 외형을 이룬다. 한편, 신과의 내밀한 관계가 결국 비인격성을 이끄는 고정된 규율에 자리를 양보해야 할 수도 있다. 삶의 중요한 순간들을 어떤 형태로든 합법화하는 숭배 의례들에서는 특히 그렇다.

하지만 이처럼 비인격적이고, 좀 더 정치화된, 또한 사회적으로 수용되는 종교적 행위와 나란히, 저세상과 연결되는 인간적인 방식들이 존재한다. 그 방식과 형태들이 기적만큼이나 서민들 사이에

퍼져 있다는 점을 기억할 필요가 있다.

사실 기적이, 절망에 빠진 인간들의 탄원에 대한 신의 개인적인 응답이 아니라면 과연 무엇이겠는가? 기적은 개인과 초자연적인 존재들 사이에 갈망, 동기, 감성, 다양한 물건(기적의 실현, 혹은 은총의 명백한 증거인 치유에 사용된 물건들을 포함해)을 통한 교환 사이클이 존재한다는 증거다. 우리가 보듯이, 대중 가톨릭catolicismo popular● 에서는 인간적 면모가 독특하게 나타나는데, 이는 우리의 사회 세계에 심오한 의미를 부여하는 사람 사이의 관계들이 종교의 영역에서도 크게 강조되는 것처럼 보인다.

이 모든 것은 브라질의 경우 인간과 신들 사이에 가족적이고 내밀하고 직접적이고 인간적인 의사소통 형식이 명백히 존재한다는 것을 드러내 준다. 그래서 대중 종교와 공식 종교를 대립적인 것으로 보기보다는 양자의 관계를 보완적으로 이해하는 것이 더 낫다. 동일한 강의 지류들 혹은 동전의 양면처럼 말이다. 공식 종교는 외부로부터 작동해 합법화할 수 있는 모든 것을 포괄한다. 반면, 대중 종교는 내부로부터 작동해 살아 있는 감성들을 다루는 모든 형태들을 포괄한다. 이런 방식으로 감성과 지성이 결합해 가시적이고 구체적인 드라마들을 창출한다. 이들은 숭배 의례가 신과의 규율적이고 공식적인 의사소통을 강조하는 지성적인 종교 형식들과는 크게 차이 난다. 공식 종교에서 신과 신자의 관계는 이를테면 '깔끔하다.' 교양 있는 의사소통이 이루어지는 것이다. 대중 종교의 경우에

● 정통 로마가톨릭과 달리 민간신앙처럼 변한 가톨릭을 가리킨다.

는 의사소통이 감각적이고 구체적이며 극적이다. 우리 브라질 사람들에게 기적은 종교적인 삶에 필요한 이 두 가지 종교 형식 어느 것에서도 배제되지 않는다. 신에게 도달하기 위한 합법적인 방식으로서 두 가지 형식 모두 취한다.

그리하여 성탄절에는 항상 새벽에 열리는 가톨릭 미사에 참석하고, 12월 31일에는 모두가 흰옷을 입고 아프리카에서 유래된 오리샤를 모시는 의례를 치르고 거기서 생성되는 좋은 희망의 기운을 받아들인다. 그렇다고 해서 우리를 모두 이중인격자라고 매도할 것인가? 당연히 아니다! 우리는 그렇다. 근본적으로 종교적인 존재들인 것이다.

실제로, 현실 세계가 일관된 행실과 배타적인 행동을 요구한다면 (이럴 경우, 나는 양성兩性이 될 수도, 두 명의 부인을 둘 수도, 시민권을 두 개 가질 수도, 동시에 두 개 정당의 의원이 될 수도 없다), 신에게 향하는 길에서, 그리고 저세상과 맺는 관계에서, 나는 아주 많은 양다리를 걸칠 수 있다. 나는 저세상에서는 성 조지São Jorge를 숭배하는 가톨릭 신자이면서, 동시에 오궁Ogum을 모시는 웅반다 신도일 수 있는 것이다. 나는 권위들이 전통적으로 또 공식적으로 전혀 다른 것들로 규정지은 것들을 결합시키고 합치고 관계지을 수 있다. 초자연적인 것에서는 불가능한 것이 없다는 것을 드러내면서 저세상에서는 모든 것이 결합되고 혼합된다. 그래서 브라질에서 사용하는 종교적 언어는 관계와 연결의 언어다. 중용, 중도, 모든 사람을 구원할 가능성, 모든 장소에서 무엇인가는 좋은 점과 가치 있는 것을 발견할 가능성을 찾는 언어인 셈이다. 이 언어는 모든 것을 박탈당한

국민, 법적인 대변자들과 소통할 수 없는 이들을 말하게 해주고, 이들의 말을 경청하도록 만들고, 고유의 육신에 신들을 받아들이도록 해준다.

우리는 저세상의 존재를 깊이 믿는 국민이다. 그리고 브라질 사람들의 '저세상'은 모든 것을 할 수 있고, 궁극적으로는 의미를 만들어 낼 수 있는 영역이다. 저세상에는 더 이상 고통도, 불행도, 권력의 고하도, 비인간적인 비인격성도 존재하지 않는다. 모든 이들이 사람으로 인정받고, 보편법(베푸는 사람은 보답을 받고 잘못을 저지르는 사람을 대가를 치르는 관대한 법이자 영원회귀의 법으로서의 보편법)이 모두에게 적용되는 곳이리라. 그곳에서는 형식적 절차나 성별에 따라서가 아니라, 각자의 믿음과 신실함에 따라 가치가 결정될 것이다. 브라질에서 저세상은 다양한 형태를 지니며, 그곳에 도달하기 위한 길도 다양하다. 그러나 이 모든 차이에도 불구하고, 우리는 그 브라질식 천국에서는 모든 공간들끼리의 완벽한 관계가 가능하다는 것을 안다. 그 관계야말로 적어도 대중적인 종교 형식에서 표출되는 희망인 것이다.

맺는말

과연 한 권의 책으로 브라질이란 대상의 정체성을 밝혀 보려는 목적을 달성할 수 있을까? 당연히 불가능하다. 그렇다면 브라질의 사례가 전해 주는 일단의 교훈들을 열거하는 일은 가능할까? 우리가 앞서 서술했던 브라질에서 사회를 구성하고 살아가는 데 있어 지켜야 할 이치나 도리를 찾는 것처럼 말이다. 당연히 가능하다.

이 짧은 에세이 내내, 우리는 브라질 사회를 한 가지 대의 혹은 한 가지 사회적 원칙에 입각해 단일한 방식으로 이해하면 안 된다는 것을 보여 주었다. 하지만 이 연구에서 우리가 선정한 영역들을 살펴보면, 모든 영역을 관통하는 하나의 공통 논리가 있다는 사실이 드러난다. 내가 '관계의 논리'라고 부르는 것이다. 이는 정치에서는 협상과 화해라는 이름으로 나타난다. 경제 영역에서는 고도로 국가 주도적인 경제와 역동적이면서 마찬가지로 중요한 민간경제의 묘한 조합으로 나타난다. 종교에서는 가톨릭과 아프리카 기원 대중 종교의 흥미로운 결합으로 나타난다. 이렇게 생성된 세계관(나는 여기서 브라질의 대중민중 문학과 식자 문학을 모두 염두에 두고 있다) 안에서 중간자적 인물을 창조하려는 갈망과 함께, 우리는 사회가 무의식적으로 철저히 분리시켜 놓은 모든 것을 화해시킬 수 있다.

어떻게 그럴 수 있을까? 내가 할 수 있는 대답은 브라질이 재미있는 사회라는 것이다. 브라질은 현대적이면서 전통적인 사회다. 역사적·사회적 흐름 속에서 브라질은 개인과 사람, 가족과 사회계층, 종교와 가장 현대적인 경제 형태들을 결합시켰다. 이 모든 것이 내부 공간들이 아주 잘 구분되어 있는 체제를 탄생하게 만들었고, 그래서 그 어떤 헤게모니적 혹은 지배적 코드도 허용하지 않는다. 그리하여, 내가 수도 없이 반복해서 말한 것처럼, 우리는 집에서는 이런 사람, 길에서는 저런 사람, 그리고 또 다른 장소에서는 또 다른 사람인 것이다. 우리는 각각의 공간에서 어쩔 수 없이 변신한다. 각각의 공간이 서로 다른 가치와 세계관으로 우리를 종속시키기 때문이다. 그리고 이 차이들은 전체적으로 브라질에 대한 특별한 독해를 허용한다. 집의 영역에서는 개인적인 독해가, 거리의 영역에서는 보편적인 독해가 만들어진다. '저 세상'을 통해 보는 비전은 화해의 담론이고, 근본적으로 도덕적이고 희망에 찬 담론이다. 이 세 가지 영역 사이에서 우리는 관계의 세계와 형식적인 상황들의 세계를 구축한다. 이미 언급된 것처럼 연대에 대한 진정한 강박감에 바탕을 둔 우리의 축제들이자 도덕성이다. 내부 분열 때문에 그토록 갑론을박하는 사회에서는 그럴 수밖에 없다.

하지만 결국 이 책의 도덕적 교훈은 무엇인가? 그 대답을 그다지 먼 곳에서 찾을 필요는 없다. 브라질 역사는 보여 준다. 우리가 항상 공식 언어에 국한해서 이 나라를 '읽고' 해석해야 한다고 강요해 왔다는 사실을. 그 공식 언어는 '거리'로 일반화되는 공간, 우리의 공적 제도에서 비롯된 공간에서 형성된 언어[랑그]다. 그리고 항상, 체계적으로 규범화되어 정치적으로 매력적인 담론을 제시한다. 다시 말해서, 이런 관점에서 볼 때 '개별적인 언어fala[파롤]'는 항상 문제 해결을 위해 무엇을 할 것인가를 이야기한다. 그러나 이는 우리 근대사에서 독립과 공화국 건국 이래 계속 행해 온 일이 아닌가? 그런데도 왜 세상만사가 제대로 돌아가지 않는 것인가?

오직 신만이 그 이유를 알 수 있을 것이다. 그러나 인류학적 시각은(이 에세이가 인류학적 시각의 작은 사례다) 그 질문에 부합하는 답변을 위한 몇 가지 논의를 가능하게 해준다. 예를 들어, 문제의 한 측면만 고려할 경우, 사회적·정치적 비판은 불충분할 수밖에 없으며, 이는 아무것도 해결할 수 없다고 주장할 수 있다. 사실, 우리의 모든 정치적·제도적·사법적 삶에 침투되어 있는 인맥과 결탁의 구조에 대한 일련의 비판이 함께 이루어지지 않는다면, 비인격적인 법을 통해 브라질의 공적 투명성을 높일 수는 없을 것이다. 그렇다면, 우리의 결론은, 거리의 세계가 정치와 경제의 언어로 말하는 비판에 집과 가정의 언어를 더할 필요가 있고, 여기에 이 후자의 언어와 함께 작동하고, 그 덕분에 브라질 국민의 행동거지의 상당 부분을 결정짓는 종교적 가치의 언어 역시 더할 필요가 있다는 것이다. 말하자면, 집과 거리와 저 세상의 공간들 사이의 거리를 좀 더 좁히고, 좀 더 합칠 필요가 있다는 것이다.

그런 점은 반드시 고쳐야겠지만, 그와 함께 대단히 긍정적인 점, 정말로 선망의 대상이 될 만한 유산은 살리는 것이 필요할 것이다. 융합하고 관계짓고 화해하고 기쁨, 미래, 희망과 관련된 기대와 가치들을 창출하는 우리의 능력 말이다. 스스로에게 점점 더 실망하고 무제한적인 개인주의를 조장하는 사회, 집단적 가치들을 개인의 행복에 필요한 부가물 정도로 축소시키는 사회에서, 아직도 사회에 매혹될 수 있는 능력은 대단히 중요한 요소, 긍정적인 요소다. 의심할 바 없이 바로 이 지점에서 우리는 다시금 창조적이고 관계성에 바탕을 둔 방식으로 '개인'을 의무와 기본적인 권리들, 사회, 그 사회의 질서와 가치 그리고 필요성에 통합시킬 수 있다. 아마도 브라질 사회는 서구 사회에서 이미 고갈된 그와 같은 가능성을 전도하는 선교사이리라. 왜냐고? 이유는 단순하다. 지금까지 우리는 자신만의 내부 공간들을 지닌 개인에 대한, 그리고 또한 상보성과 호혜의 법칙들을 지닌 사회에 대한, 믿음을 유지해 왔기 때문이다. 우리는 개인, 관계, 가족과 정당, 경제 기관들과 생산과 소비 같은 영역들도 역시 모두 각자의 공간을 지닐 수 있다는 사실을 발견했다. 비록 오늘날 이 공간들이 서로 분리되어 있어서 현재로서는 축제의 세계, 특히 카니발에서만 긍정적인 통합이 이루어지고 있지만, 그렇다고 장래에 그런 통합이 불가능함을 의미하지는 않는다.

그 관계의 축제가 가진 가치들을 우리의 사회적 생활의 다른 영역들에 도입함으로써, 하나의 전체로서 사회를 좀 더 카니발화하는

게 필요할 것이다. 확신하건대, 그렇게 함으로써 우리는 현대 세계가 그토록 필요로 하는 중재의 가능성을 궁극적으로 심화시킬 수 있을 것이다. 개인주의를 절대적 가치로 격상시켜 맹목적으로 추종하자는 것도 아니고, 마찬가지로 사회나 집단을 맹목적으로 추종해 인간의 창의력을 짓누르고 개인적 공헌들을 질식시켜 버리자는 것도 아니다. 아마도 그 중간에 무엇인가 있을 것이다. 거리에서 집의 무엇인가를 조금 가지도록 해주는, 또 집에서 거리의 무엇인가를 조금 가지도록 해주는 무엇이. 우리가 다른 세상에서 지니고 있는 희망들을 이 세계에서 가지도록 해주는 무엇이. 힘겨운 노동과 각종 결핍으로 점철된 일상 세계를 좋은 날들에 대한 희망을 자아내는 카니발 같은 것으로 만들어 주는 무엇이.

내 생각에는 이런 유형의 성찰이 우리에게 다소 부족하다. 이 성찰이 확장되고, 논의되고, 수정되고, 최종적으로 사회적 메커니즘으로 정착되기 위해서는, 우리 스스로가 명철하고 유용한 도구들을 통해 스스로를 비판하는 데 두려움을 가지지 말아야 할 것이다. 이를 위해서는 항상 다음과 같은 질문으로 시작하는 것이 필요하리라. "무엇이 소문자 브라질, 대문자 브라질을 만드는가? 그리고 그 다음 수순으로, 비록 소심하고 부정확하고 쟁점이 있다 하더라도 해답을 내어 놓아야 한다. 우리가 이 책에서 하고자 했던 것도 바로 그 일이었다.

1984년 6월

자르징우바Jardim Ubá에서

지미 스캇Jimmy Scott은 1936년 1월 5일 칠레 산티아고에서 태어났다. 공업 기술자가 되려고 준비하다가 진로를 바꿔 칠레대학교 미술대학에 입학해 조형미술을 전공했다. 1958년부터 일러스트레이터의 길을 걷게 되어, 자신의 첫 작품을 아동지 『엘 페네카』*El Peneca*에 이어 정치 풍자 잡지인 『토파세』*Topaze*에 선보였다. 지금은 폐간되었지만 둘 다 큰 족적을 남긴 칠레의 전통적인 간행물이다. 여기저기서 그를 찾기 시작해 얼마 안 되어 산티아고와 콘셉시온에서 출판되는 다양한 신문과 잡지에 만화와 캐리커처가 실렸다. 리브레리 프랑세Librairie Française와 산티아고대학교 출판부에서 교재에 사용되는 삽화를 그렸다. 1970년 브라질로 이주해 몇몇 출판사와 『글로부』*O Globo* 신문사, 광고 에이전시들과 일했다. 1988년 칠레로 돌아와 그때부터 『엘 메르쿠리오』*El Mercurio* 신문사의 카툰 작가로 일하고 있다.

이 책의 저자 호베르뚜 다마따Roberto DaMatta는 브라질에서 가장 영향력 있는 인류학자 가운데 한 사람으로 꼽히며, 일반화의 오류나 고정관념을 뛰어넘는 방식으로 브라질의 정체성을 탐구하는 학자로 알려져 있다. 그는 이 책을 통해 거대 담론을 동원하지 않고 '길거리'rua, '집'casa, 직장, 여자, 종교, 축제, 인종 문제처럼 브라질 사회의 소소한 일상을 꿰뚫는 관찰을 통해 브라질만이 지닌 정체성을 재확인하는 작업을 벌인다. 목차를 들여다보면 바로 알아챌 수 있듯이, 이 책은 브라질 문화와 다른 문화를 비교하는 방식보다는 브라질에 두드러지게 나타나는 문화적 기표들의 기저에 숨어 있는 특징들을 끄집어내고 브라질의 일상 문화 내에서 표상되는 기능들을 설명하는 데 주력한다. 다시 말해서, 다마따는 기존의 인류학적 연구 방법론이 보여 준 유럽 중심 사관과 이분법적 사고를 바탕으로 브라질과 브라질 사람들의 문화를 분석하는 종래의 접근 방식에서 탈피해, 일상 속에서 벌어지는 브라질 사람들의 삶의 방식을 도발적인 문체로 다룬다. 학문의 틀을 빌린 해설자적인 제삼자적 시각이 아닌, 실제의 삶 속에서의 관찰을 바탕으로 저자의 주관을 배제하지 않은 채, 거창한 과학적 담론이 아닌 일상어로 풀어 간다. 스키드모어T. Skidmore를 브라질을 보는 외부의 시각의 대표자로 꼽는다면, 다마따는 스스로의 속살을 들여다보는 방식을 취하고 있다. 따라서 그의 표현대로 '집' 안에 있는 브라질 사람이 아닌, '집' 밖의 '거리'에 있는 우리 외국인의 입장에서 이 책의 독해는 만만치 않다. 앞서 얘기한 것처럼, 이 책에서 다마따는 연구자를 객관화하는 전지적 관점으로 브라질의 지나온 과거와 현재를 보지 않는다. 현재의 브라질이 안고 있는 공시태를 브라질 사람의 내재적 시각을 통해 스스로의 정체성을 탐색한다. 따라서 글을 읽다 보면 브라질 사람들만이 공유할 수 있는 문화적인 전제에 대한 친절한 해설은 기대하기 어렵다. 옮긴이도 브라질 연구자로서 소외감을 느낄 정도다. 번역본에는 옮긴이 주를 통해 독자의 이해를 최대한으로 돕고자 했다.

다마따가 얘기하는 '대문자 브라질'은 이 책보다 나중에 출간된 다르시 히베이루Darcy Ribeiro의 『브라질 국민』*O Povo Brasileiro*에서 언급한 "그 어떤 다른 누구의 복제품이 아닌 독창적인 존재"라는 점과 통한다. 그러나 당시에는 다마따의 연구 방법 자체가 새로운 시도였기 때문에 학계와 독자들로부터 외면당했다. 사실 이 책은 제목부터 범상치 않다. 원제에 두 개의 브라질이 존재하는데, 하나는 소문자로, 다른 하나는 대문자로 시작된다. 그리고 이 두 개의 브라질은 본문에 등장하는 '사람'pessoa과 '개인'indivíduo, '집'casa과 '거리'rua와도 연결된다. 이처럼 이 책은 소문자로 시작하는 'brasil'과 대문자로 시작하는 'Brasil'이 갖는 차이로부터 화두를 꺼낸다. 그러나 둘 중 하나의 선택이라는 결말을 내리지는 않는다. 다마따는 소문자 'brasil'은 인간적인 가능성에서 주어진 것이지만, 대문자 'Brasil'은 보편적인 가능성들(존재 양식, 브라질 특유의 '제이칭뉴'jeitinho)의 조합으로 탄생하는 것이라고 강조한다. 다마따는 "사람들뿐만 아니라 각각의 사회도 자신들만의 스타일들, 일을 만들어 가는 자신들의 방식들에 의해 정의된다. 이게 바로 사회적 정체성의 문제다"라고 정의한다. 다마따가 얘기하는 '브라질성'brasilidade이란 현실을 구성하고 인지하는 데 브라질이 가진 개별적인 방식, 스타일, 자신만의 '일리'를 가리킨다. 그리고 "내가 어떤 존재라는 것을 어떻게 아는가?", "민족 정체성은 어떻게 형성되는가?", "일단의 사람 무리가 어떻게 브라질 사람으로 되는지?" 등이 바로 다마따가 책을 통해 제기하는 질문들로 앞으로도 계속적인 답을 찾아가야 할 부분들이다. 이 책에서 다마따는 브라질에 대한 자신의 분석이나 기준을 강요하지 않는다. 스스로의 정체성 인식에 대해 자국민, 즉 브라질 사람들의 관심을 끌어내고 문제의식을 추동하는 데 있다. 결국 이 책에서 찾고자 하는 것은 상기에 밝힌 대문자와 소문자로 쓰인 두 '브라질' 사이에 존재하는 차이를 통해, 브라질 사람들이 '조국'이라고 부르는 것의 실체가 과연 무엇인지를 독자뿐만 아니라 저자 스스로도 탐구하는 흥미로운 여정이라고 볼 수 있다.

스스로 모순의 땅이라 부르는 브라질이라는 국가의 문화를 책 한 권에 담기는 불가능한 일이거니와, 드러내는 것보다 감추는 것이 많은 문화의 측면들을 한정된 어휘로 기술한 책을 다른 언어로 '번역'하면서 생기는 한계는 인정해야 할 것 같다. 그럼에도 불구하고 그 문화에 속한 사람들이 못 보는 감춰진 바를 우리가 읽음으로써 찾을 수 있지 않을까 하는 기대감도 번역 과정에서 동반된 것 같다.

끝으로 이 책이 나오게끔 인내심을 가지고 지원한 브라질문화원과 적절한 우리말 선택에 대한 조언과 꼼꼼하게 교정 작업에 애써 주신 최정온 선생님과 후마니타스 편집진에 고마움을 전한다. 어떤 이유이든 간에 번역이라는 작업은 오역을 피할 수 없다는 변명과 함께 정형화된 민족성 담론을 벗어나 '브라질'을 읽는 여정에 독자 여러분의 건투를 빌어 본다.

2015년 11월

남산동 연구실에서

주한 브라질문화원이 심는 나무

브라질만큼 이름만 들어도 설레는 나라가 또 있을까 싶다. 카니발, 아름다운 해변, 축구, 아마존 밀림 등등 활기차고 흥겹고 신비로운 경험이 보장된 느낌을 주는 나라가 브라질이기 때문이다. 하지만 브라질의 위상은 그 이상이다. 우리가 잘 몰라서 그렇지 국제무대에서 브라질은 종종 대국이라는 표현이 어울리는 나라로 평가되고 있다. 세계 5위의 면적, 2억 명을 상회하는 인구는 대국으로서의 한 단면에 불과할 뿐이다. 유엔 안전보장이사회의 상임이사국 확대, 개편이 이루어질 경우 라틴아메리카를 대표하는 상임이사국이 당연히 될 나라일 정도로 국제정치의 주역이 바로 브라질이고, 풍부한 천연자원과 노동력 덕분에 경제적으로 늘 주목을 받아 온 나라가 바로 브라질이다. 그뿐만 아니라 세계 열대우림의 3분의 1을 차지하고 있어서 지구의 허파 역할을 하고 있는 아마존 밀림은 기후변화나 생물의 종 다양성 같은 인류의 미래를 둘러싼 시험장이다. 또한 5세기 전부터 다양한 인종, 다양한 문화가 공존하면서 풍요로운 문화를 일구어 낸 나라가 브라질이고, 세계사회포럼을 주도적으로 개최하면서 '또 다른 세상은 가능하다'는 희망의 메시지를 전 세계 확산에 기여한 나라가 브라질이다.

하지만 지구 반대편에 있는 머나먼 나라이다 보니 한국에서는 브라질의 진면목을 제대로 인식하기 힘들었다. 심지어 라틴아메리카 국가이다 보니 일종의 '라틴아메리카 디스카운트'가 작용하기도 했다. 브라질 이민이 시작된 지 반세기가 넘었고, 최근 한국과 브라질 사이의 정치·경제 교류가 상당히 늘었는데도 불구하고 상황은 크게 변한 것이 없다. 그래서 주한 브라질 대사관과 서울대학교 라틴아메리카연구소가 협약을 맺고 두산인프라코어의 후원으로 2012년 3월 16일 주한 브라질문화원을 설립하게 된 것은 대단히 뜻깊은 일이었다. 한국과 브라질의 문화 교류 증진이야말로 세계화 시대에 양국 간 우호를 다지는 길이자 브라질에 대한 한국인의 올바른 인식 제고를 위해 필수 불가결한 일이기 때문이다. 실제로 브라질문화원은 브라질의 다채롭고 역동적인 문화를 소개하기 위해 2012년부터 전시회, 브라질데이 페스티벌, 영화제, 음악회, 포르투갈어 강좌 개설 등 다양한 활동을 해왔다.

하지만 브라질에 대한 올바른 이해를 위해서는 문화 교류 외에도 더 전문적인 노력이 필요하다는 것이 주한 브라질문화원 개원 때부터의 인식이었다. 이에 브라질문화원은 열 권의 빠우-브라질 총서를 기획·준비했고, 이제 드디어 그 결실을 세상에 내놓게 되었다. 한국과 브라질 교류에서 문화원 개원만큼이나 의미 있는 한 획을 긋게 된 것이다. 총서 기획 과정에서 몇 가지 고려가 있었다. 먼저 브라질문화원이 공익단체임을 고려했다. 그래서 상업적인 책보다는 브라질 사회와 문화를 이해하는 데 근간이 될 만한 책, 특히 학술적 가치가 높지만 외부 지원이 없이는 국내에서 출간이 쉽지 않을 책들을 선정했다. 다양성도 중요한 고려 대상이었다. 빠우-브라질 총서가 브라질 사회를 다각도로 조명할 수 있는 토대가 되었으면 하는 바람에서였다. 그래서 브라질에서 유학하고 돌아와 대학에서 강의를 하고 있는 사람들로부터 자신의 전공 분야에서 필독서로 꼽히는 원서들을 추천받았다. 그 결과 브라질 연구에서는 고전으로 꼽히는 호베르뚜 다마따, 세르지우 부아르끼 지 올란다, 세우수 푸르따두, 지우베르뚜 프레이리 등의 대표적인 책들이 빠우-브라질 총서에 포함되게 되었다. 또한 시의성이나 외부에서 브라질을 바라보는 시각 등도 고려하여 스테판 츠바이크, 에두아르두 비베이루스 지 까스뜨루, 레리 로터, 재니스 펄먼, 워너 베어, 크리스 맥고완/히까르두 뻬샤냐 등의 저서를 포함시켰다. 이로써 정치, 경제, 지리, 인류학, 음악 등 다양한 분야의 고전과 시의성 있는 책들로 이루어진 빠우-브라질 총서가 탄생하게 되었다.

놀랍게도 이 총서는 국내 최초의 브라질 연구 총서다. 예전에 이런 시도가 없었던 것은 국내 브라질 연구의 저변이 넓지 않았다는 점이 크게 작용했다. 하지만 아는 사람은 안다. 국내 출판 시장의 여건상 서구, 중국, 일본 등을 다루는 총서 이외에는 존립하기 어렵다는 것이 가장 큰 이유라는 것을. 그래서 두산인프라코어 대표이사이자 주한 브라질문화원 현 원장인 손동연 원장님에게 심심한 사의를 표한다. 문화 교류와 학술 작업의 병행이 한국과 브라질 관계의 초석이 되리라는 점을, 또 총서는 연구자들이 주도해야 한다는 점을 쾌히 이해해 주시지 않았다면 이처럼 알차게 구성된 빠우-브라질 총서가 탄생하지 못했을 것이기 때문이다. 주한 브라질문화원 개원의 산파 역할을 한 에드문두 S. 후지따 전 주한 브라질 대사님에게도 깊은 감사를 표한다. 문화원 개원을 위해 동분서주한 서울대학교 라틴아메리카연구소 전임 소장 김창민 교수와도 총서의 출간을 같이 기뻐하고 싶다. 또한 문화원 부원장직을 맡아 여러 가지로 애써 주신 박원복, 양은미, 김레다 교수님들께도 이 자리를 빌려 그동안의 노고를 특별히 언급하고 싶다. 쉽지 않은 결정이었을 텐데 총서 제안을 수락한 후마니타스 출판사에도 깊은 감사를 표하는 바다. 마지막으로 기획을 주도한 박원복 전 부원장, 관리를 맡은 우석균 HK교수와 양은미 전 부원장, 최정온 씨 등 실무 작업 과정에서도 여러 사람의 정성 어린 참여가 있었다는 점을 상기시키고 싶다.

잘 알려져 있다시피 '브라질'이라는 국명의 유래는 한때 브라질 해안을 뒤덮고 있던 '빠우-브라질'Pau-Brasil이라는 나무에서 유래되었다. 총서명을 '빠우-브라질'로 한 이유는 주한 브라질문화원이 국내 브라질 연구의 미래를 위해, 그리고 한국과 브라질의 한 차원 높은 교류를 위해 한 그루의 나무를 심는 마음으로 이 총서를 기획하고 출간했기 때문이다. 이 나무가 튼튼하게 뿌리 내리고, 풍성한 결실을 맺고, 새로운 씨앗을 널리 뿌리기 바란다.

2015년 11월

서울대학교 라틴아메리카연구소 소장 김춘진

후마니타스의 책 | 발간순

러시아 문화사 | 슐긴·꼬쉬만·제지나 지음, 김정훈·남석주·민경현 옮김
북한 경제개혁 연구 | 김연철·박순성 외 지음
선거는 민주적인가 | 버나드 마넹 지음, 곽준혁 옮김
미국 헌법과 민주주의 | 로버트 달 지음, 박상훈·박수형 옮김
한국 노동자의 임금정책과 임금실태 | 김유선 지음
위기의 노동 | 최장집 엮음
다보스, 포르투알레그레 그리고 서울 | 이강국 지음
과격하고 서툰 사랑고백 | 손석춘 지음
그래도 희망은 노동운동 | 하종강 지음
민주주의의 민주화 | 최장집 지음
민주화 이후의 민주주의(개정2판) | 최장집 지음
침묵과 열광 | 강양구·김범수·한재각 지음
미국 예외주의 | 세미무어 마틴 립셋 지음, 문지영·강정인·하상복·이지윤 옮김
조봉암과 진보당 | 정태영 지음
현대 노동시장의 정치사회학 | 정이환 지음
일본 전후 정치사 | 이시가와 마스미 지음, 박정진 옮김
환멸의 문학, 배반의 민주주의 | 김명인 지음
민주주의의 민주화 | 최장집 지음
어느 저널리스트의 죽음 | 손석춘 지음
전태일 통신 | 전태일기념사업회 엮음
정열의 수난 | 문광훈 지음
비판적 실재론과 해방의 사회과학 | 로이 바스카 지음, 이기홍 옮김
아파트 공화국 | 발레리 줄레조 지음, 길혜연 옮김
민주화 20년의 열망과 절망 | 경향신문 특별취재팀 지음
비판적 평화연구와 한반도 | 구갑우 지음
미완의 귀향과 그 이후 | 송두율 지음
한국의 국가형성과 민주주의 | 박찬표 지음
소금꽃나무 | 김진숙 지음
인권의 문법 | 조효제 지음
디지털 시대의 민주주의 | 피파노리스 지음, 이원태 외 옮김
길에서 만난 사람들 | 하종강 지음

전노협 청산과 한국노동운동 | 김창우 지음
기로에 선 시민입법 | 홍일표 지음
시민사회의 다원적 적대들과 민주주의 | 정태석 지음
한국 사회민주주의 정당의 역사적 기원 | 정태영 지음
지역, 지방자치, 그리고 민주주의 | 하승수 지음
금융세계화와 한국 경제의 진로 | 조영철 지음
도시의 창, 고급호텔 | 발레리 줄레조 외 지음, 양지은 옮김
정치적인 것의 귀환 | 샹탈 무페 지음, 이보경 옮김
정치와 비전 1 | 셸던 월린 지음, 강정인·공진성·이지윤 옮김
정치와 비전 2 | 셸던 월린 지음, 강정인·이지윤 옮김
정치와 비전 3 | 셸던 월린 지음, 강정인·김용찬·박동천·이지윤·장동진·홍태영 옮김
사회 국가, 한국 사회 재설계도 | 진보정치연구소 지음
법률사무소 김앤장 | 임종인·장화식 지음
여성·노동·가족 | 루이스 틸리·조앤 스콧 지음, 김영·박기남·장경선 옮김
민주노조운동 20년 | 조돈문·이수봉 지음
소수자와 한국 사회 | 박경태 지음
평등해야 건강하다 | 리처드 윌킨슨 지음, 김홍수영 옮김
재벌개혁의 현실과 대안 찾기 | 송원근 지음
민주화 20년, 지식인의 죽음 | 경향신문 특별취재팀 지음
한국의 노동체제와 사회적 합의 | 노중기 지음
한국 사회, 삼성을 묻는다 | 조돈문·이병천·송원근 엮음
국민국가의 정치학 | 홍태영 지음
아시아로 간 삼성 | 장대업 엮음, 강은지·손민정·문연진 옮김
우리의 소박한 꿈을 응원해줘 | 권성현·김순천·진재연 엮음
국제관계학 비판 | 구갑우 지음
부동산 계급사회 | 손낙구 지음
부동산 신화는 없다 | 전강수·남기업·이태경·김수현 지음, 토지+자유연구소 기획
양극화 시대의 한국경제 | 유태환·박종현·김성희·이상호 지음
절반의 인민주권 | E. E. 샤츠슈나이더 지음, 현재호·박수형 옮김
민주주의와 법의 지배 | 아담 쉐보르스키·호세 마리아 마라발 외 지음, 안규남·송호창 외 옮김
박정희 정부의 선택 | 기미야 다다시 지음
의자를 뒤로 빼지마 | 손낙구 지음, 신한카드 노동조합 기획
와이키키 브라더스를 위하여 | 이대근 지음
존메이너드 케인스 | 로버트 스키델스키 지음, 고세훈 옮김

시장체제 | 찰스 린드블룸 지음, 한상석 옮김
권력의 병리학 | 폴 파머 지음, 김주연·리병도 옮김
팔레스타인 현대사 | 일란 파페 지음, 유강은 옮김
자본주의 이해하기 | 새뮤얼 보울스·리처드 에드워즈·프랭크 루스벨트 지음,
최정규·최민식·이강국 옮김
한국정치의 이념과 사상 | 강정인·김수자·문지영·정승현·하상복 지음
위기의 부동산 | 이정전·김윤상·이정우 외 지음
산업과 도시 | 조형제 지음
암흑의 대륙 | 마크 마조워 지음, 김준형 옮김
부러진 화살(개정판) | 서형 지음
냉전의 추억 | 김연철 지음
현대 일본의 생활보장체계 | 오사와 마리 지음, 김영 옮김
복지한국, 미래는 있는가(개정판) | 고세훈 지음
분노한 대중의 사회 | 김헌태 지음
정치 에너지 | 정세균 지음
워킹 푸어, 빈곤의 경계에서 말하다 | 데이비드 K. 쉬플러 지음, 나일등 옮김
거부권 행사자 | 조지 체벨리스트 지음, 문우진 옮김
초국적 기업에 의한 법의 지배 | 수전 K. 셀 지음, 남희섭 옮김
한국 진보정당 운동사 | 조현연 지음
근대성의 역설 | 헨리 임·곽준혁 지음
브라질에서 진보의 길을 묻는다 | 조돈문 지음
동원된 근대화 | 조희연 지음
의료 사유화의 불편한 진실 | 김명희·김철웅·박형근·윤태로·임준·정백근·정혜주 지음
대한민국 정치사회 지도(수도권 편) | 손낙구 지음
대한민국 정치사회 지도(집약본) | 손낙구 지음
인권을 생각하는 개발 지침서 | 보르 안드레아센·스티븐 마크스 지음, 양영미·김신 옮김
불평등의 경제학 | 이정우 지음
왜 그리스인가 | 자클린 드 로미이 지음, 이명훈 옮김
민주주의의 모델들 | 데이비드 헬드 지음, 박찬표 옮김
노동조합 민주주의 | 조효래 지음
유럽 민주화의 이념과 역사 | 강정인·오향미·이화용·홍태영 지음
우리, 유럽의 시민들? | 에티엔 발리바르 지음, 진태원 옮김
지금, 여기의 인문학 | 신승환 지음
비판적 실재론 | 앤드류 콜리어 지음, 이기홍·최대용 옮김

누가 금융 세계화를 만들었나 | 에릭 헬라이너 지음, 정재환 옮김

정치적 평등에 관하여 | 로버트 달 지음, 김순영 옮김

한낮의 어둠 | 아서 쾨슬러 지음, 문광훈 옮김

모두스 비벤디 | 지그문트 바우만 지음, 한상석 옮김

진보와 보수의 12가지 이념 | 폴 슈메이커 지음, 조효제 옮김

한국의 48년 체제 | 박찬표 지음

너는 나다 | 손아람·이창현·유희·조성주·임승수·하종강 지음

(레디앙, 삶이보이는창, 철수와영희, 후마니타스 공동 출판)

정치가 우선한다 | 셰리 버먼 지음, 김유진 옮김

대출 권하는 사회 | 김순영 지음

인간의 꿈 | 김순천 지음

복지국가 스웨덴 | 신필균 지음

대학 주식회사 | 제니퍼 워시번 지음, 김주연 옮김

국민과 서사 | 호미 바바 편저, 류승구 옮김

통일 독일의 사회정책과 복지국가 | 황규성 지음

아담의 오류 | 던컨 폴리 지음, 김덕민·김민수 옮김

기생충, 우리들의 오래된 동반자 | 정준호 지음

깔깔깔 희망의 버스 | 깔깔깔 기획단 엮음

노동계급 형성과 민주노조운동의 사회학 | 조돈문 지음

시간의 목소리 | 에두아르도 갈레아노 지음, 김현균 옮김

법과 싸우는 사람들 | 서형 지음

작은 것들의 정치 | 제프리 골드파브 지음, 이충훈 옮김

경제 민주주의에 관하여 | 로버트 달 지음, 배관표 옮김

정치체에 대한 권리 | 에티엔 발리바르 지음, 진태원 옮김

작가의 망명 | 안드레 블첵·로시 인디라 지음, 여운경 옮김

지배와 저항 | 문지영 지음

한국인의 투표 행태 | 이갑윤

그들은 어떻게 최고의 정치학자가 되었나 1·2·3 | 헤라르도 뭉크·리처드 스나이더 지음,

정치학 강독 모임 옮김

이주, 그 먼 길 | 이세기 지음

법률가의 탄생 | 이국운 지음

헤게모니와 사회주의 전략 | 에르네스토 라클라우·샹탈 무페 지음, 이승원 옮김

갈등과 제도 | 최태욱 엮음

자연의 인간, 인간의 자연 | 박호성 지음

마녀의 연쇄 독서 | 김이경 지음

평화는 어떻게 만들어지는가 | 존 폴 레더라크 지음, 김동진 옮김

스웨덴을 가다 | 박선민 지음

노동 없는 민주주의의 인간적 상처들 | 최장집 지음

광주, 여성 | 광주전남여성단체연합 기획, 이정우 편집

한국 경제론의 충돌 | 이병천 지음

고진로 사회권 | 이주희 지음

올로프 팔메 | 하수정 지음

세계노동운동사 1·2·3 | 김금수 지음

다운사이징 데모크라시 | 매튜 A. 크렌슨·벤저민 긴스버그 지음, 서복경 옮김

만들어진 현실(개정판) | 박상훈 지음

민주주의의 재발견 | 박상훈 지음

정치의 발견(개정3판) | 박상훈 지음

세 번째 개똥은 네가 먹어야 한다[자유인 인터뷰 1] | 김경미 엮음

골을 못 넣어 속상하다[자유인 인터뷰 2] | 김경미 엮음

한국 사회 불평등 연구 | 신광영 지음

논쟁으로서의 민주주의 | 최장집·박찬표·박상훈·서복경·박수형 지음

어떤 민주주의인가(개정판) | 최장집·박찬표·박상훈 지음

베네수엘라의 실험 | 조돈문 지음

거리로 나온 넷우익 | 야스다 고이치 지음, 김현욱 옮김

건강할 권리 | 김창엽 지음

복지 자본주의 정치경제의 형성과 재편 | 안재흥 지음

복지 한국 만들기 | 최태욱 엮음

넘나듦(通涉)의 정치사상 | 강정인 지음

막스 베버 소명으로서의 정치 | 막스 베버 지음, 최장집 엮음, 박상훈 옮김

한국 고용체제론 | 정이환 지음

이것을 민주주의라고 말할 수 있을까? | 셸던 월린 지음, 우석영 옮김

경제 이론으로 본 민주주의 | 앤서니 다운스 지음, 박상훈·이기훈·김은덕 옮김

철도의 눈물 | 박흥수 지음

의료 접근성 | 로라 J. 프로스트·마이클 R. 라이히 지음, 서울대학교이종욱글로벌의학센터 옮김

광신 | 알베르토 토스카노 지음, 문강형준 옮김

뚱뚱해서 죄송합니까? | 한국여성민우회 지음

배 만들기, 나라 만들기 | 남화숙 지음, 남관숙·남화숙 옮김

저주받으리라, 너희 법률가들이여! | 프레드 로델 지음, 이승훈 옮김

케인스 혁명 다시 읽기 | 하이먼 민스키 지음, 신희영 옮김
기업가의 방문 | 노영수 지음
그의 슬픔과 기쁨 | 정혜윤 지음
니콜로 마키아벨리, 군주론 | 니콜로 마키아벨리 지음, 최장집 한국어판 서문, 박상훈 옮김
신자유주의와 권력 | 사토 요시유키 지음, 김상운 옮김
코끼리 쉽게 옮기기 | 김영순 지음
사람들은 어떻게 광장에 모이는 것일까? | 마이클 S. 최 지음, 허석재 옮김
감시사회로의 유혹 | 데이비드 라이언 지음, 이광조 옮김
신자유주의의 위기 | 제라르 뒤메닐·도미니크 레비 지음, 김덕민 옮김
젠더와 발전의 정치경제 | 시린 M. 라이 지음, 이진옥 옮김
나는 라말라를 보았다 | 무리드 바르구티 지음, 구정은 옮김
가면권력 | 한성훈 지음
반성된 미래 | 참여연대 기획, 김균 엮음
선택이라는 이데올로기 | 레나타 살레츨 지음, 박광호 옮김
세계화 시대의 역행? 자유주의에서 사회협약의 정치로 | 권형기 지음
위기의 삼성과 한국 사회의 선택 | 조돈문·이병천·송원근·이창곤 엮음
말라리아의 씨앗 | 로버트 데소비츠 지음, 정준호 옮김
허위 자백과 오판 | 리처드 A. 레오 지음, 조용환 옮김
민주 정부 10년, 무엇을 남겼나 | 참여사회연구소 기획, 이병천·신진욱 엮음
민주주의의 수수께끼 | 존 던 지음, 강철웅·문지영 옮김
왜 사회에는 이견이 필요한가(개정판) | 카스 R. 선스타인 지음, 박지우·송호창 옮김
관저의 100시간 | 기무라 히데아키 지음, 정문주 옮김
우리 균도 | 이진섭 지음
판문점 체제의 기원 | 김학재 지음
불안들 | 레나타 살레츨 지음, 박광호 옮김
스물다섯 청춘의 워킹홀리데이 분투기 | 정진아 지음
민중 만들기 | 이남희 지음, 유리·이경희 옮김
불평등 한국, 복지국가를 꿈꾸다 | 이정우·이창곤 외 지음
알린스키, 변화의 정치학 | 조성주 지음
유월의 아버지 | 송기역 지음
정당의 발견 | 박상훈 지음
비정규 사회 | 김혜진 지음
출산, 그 놀라운 역사 | 티나 캐시디 지음, 최세문·정윤선·주지수·최영은·가문희 옮김
내가 살 집은 어디에 있을까? | 한국여성민우회 지음